유단자가 되는 지름길 **프로바둑강좌/고급이상** ⑩

요령있게
패쓰는 법

9단 石田秀芳 지음/프로바둑연구회 편

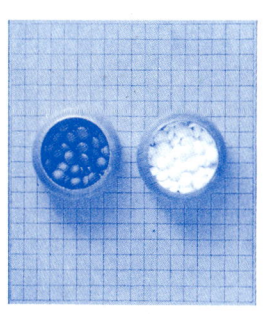

도서
출판 **眞華堂**

프로바둑강좌・고급이상 10

요령있게
패쓰는 법

9단 石田秀芳 지음
프로바둑연구회 편

도서
출판 眞華堂

머리말

바둑에 있어서 '패'가 차지하는 비중은 의외로 크다.

'생각하는 힘(수읽기의 힘)'이 없으면 패에서 이기기 힘들다. 똑같은 국면(局面)을 두고도 어떤 사람은 패싸움에서 이득을 보는가 하면 어떤 사람은 손실을 감내(甘耐)한다.

이것은 바로 '패'를 요령있게, 또는 요령없게 이끌어가기 때문에 생기는 결과이다.

일단 패가 만들어지면 어떻게 하든지 이기지 않으면 안된다. 패에서 지게 되면 '패싸움'에 얽힌 부분적인 국면(局面)보다도 더 큰 손해를 볼 경우가 많다.

또한 패싸움은 바둑의 사활(死活)에 관한 문제를 결정하는 수가 많다. 패에 지게 되면 자기의 돌을 사석으로 버리게 되는 경우를 우리는 종종 경험한다. 그래서 한사코 패싸움에 지지 않으려고 안간힘을 쓰는 것이다.

이 책은 패에 관한 문제와 해설을 주로 다루었다. 보다 광범위한 면에서 다양하게 패를 만들고 풀어나가는 기술적인 문제를 상세하게 설명하였으므로 기본적인 기력 (棋力)을 가진 독자라면 매우 유용한 지침서가 될 수 있을 것이다.

아울러 이 책을 통하여 여러분의 기력 (棋力) 이 가일층 향상되기를 기원하는 바이다.

저자 씀.

차 례 *

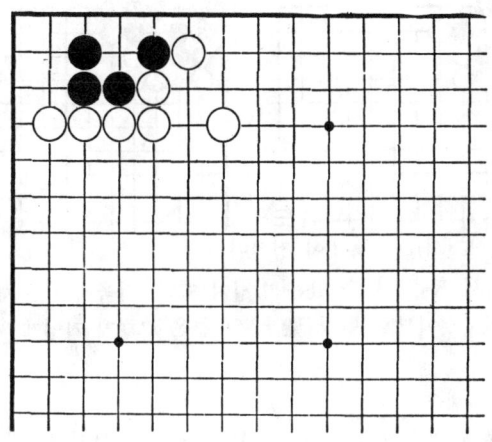

제 1 문

흑이 먼저 둘 때

맥을 가지고 있는 돌은 쉽게 죽지 않는다. 그러나 단 한 수의 착점이 잘못되었을 때, 제아무리 활로(活路)를 걸고 있는 맥수라 하더라도 순식간에 죽음의 길로 치닫게 된다.

이와 같은 문제는 일상의 실전에서 자주 나타나는 모양이다.

흑으로서는 특히 첫 수가 중요하다. 맥을 짚지 못하면 실패하게 된다.

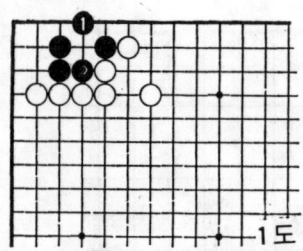

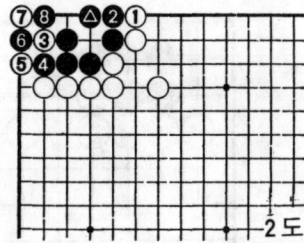

1도 (정석)   흑1이 정석이다.

여기서 흑은 살 수 있는 방법이 있다. 바둑에서는 패를 쓰면 사는 것이므로 반상(盤上)의 돌은 그렇게 가볍게 죽지 않는다.

2도 (계속)

흑▲에 대해 백1로 공격하는데 흑은 4부터 6으로 먹여치고 8의 패로 저항한다.

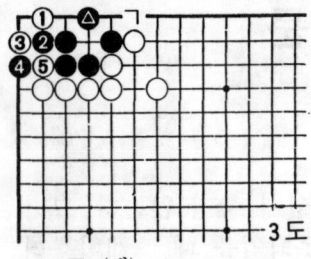

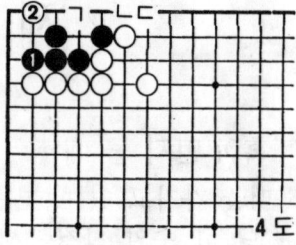

3도 (패)

흑▲일 때 백1로 두어도 흑2, 4하여 역시 패가 만들어진다. 흑 2로 5에 두거나 3에 두면 백ㄱ으로 내려서는 수가 있어서 흑은 모두 죽는다.

4도 (실패)

흑1에 두어서는 백2로 급소에 뛰어들어 어렵게 된다. 흑ㄱ에 두어도 백ㄴ이 있어 집을 만들지 못한다. 흑ㄴ, 백ㄷ, 흑ㄱ은 괴로운 패이다.

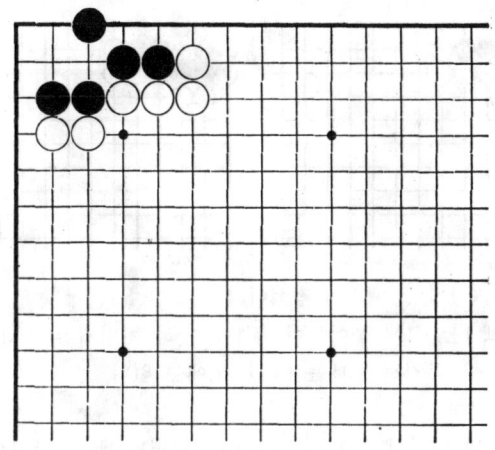

제 2 문

백이 먼저 둘 때

만약 흑이 먼저 둔다면, 이 그림은 문제가 안된다. 흑은 이미 한 집을 확보하고 있기때문이다.

그러나 백이 먼저 공격하여 흑을 잡는 것이 이 문제의 중요한 관건이다.

무조건으로는 백이 흑을 잡을 수가 없다. 묘수를 찾지 않으면 안된다.

흑으로서는 결국 패싸움을 벌일 수 밖에 없다. 이 경우에는 패에 능한 쪽이 유리하게 된다.

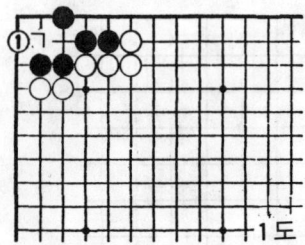 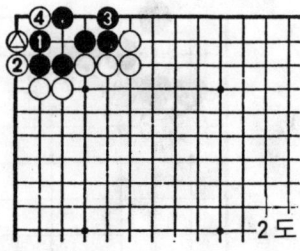

1 도 (정석)　백 1이 정석이다.

이 백 1로 ㄱ에 붙여두면 흑 1로 젖혀 가볍게 살아 난다. 따라서 흑을 공격하는 데는 이 수 외에는 없다.

2 도 (계속)

백△에 대하여 흑 1로 응수한다. 그러면 백 2, 흑 3이 된다. 백 4로 먹여치면 사활(死活)을 건 패싸움이 벌어진다.

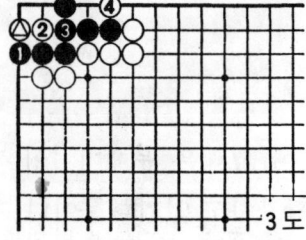 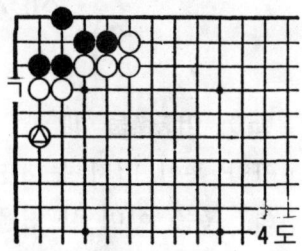

3 도

백△일 때 흑 1로 막으면 백 2, 흑 3으로 둘 수 밖에 없어 이 다음 백 4로 집을 파괴하여 그대로 흑은 죽는 신세이다.

4 도 (현현기경)

현현기경에는 백△ 한점이 가해져 있다. 실제로는 백ㄱ으로 젖혀두는 후속수가 없어서 △는 없어도 무방하다 할 수 있다.

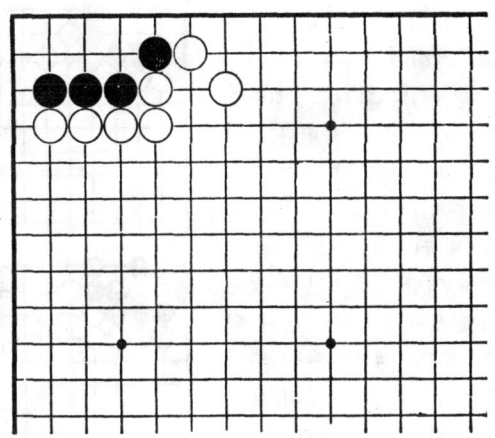

제 3 문

흑이 먼저 둘 때

약간 어려운 문제이다. 이러한 모양은 실전의 대국에서도 자주 나타난다.

만약 백이 먼저 둔다면 흑은 당연히 죽게 된다. 그러나 흑이 먼저 둘 경우에는 어떻게 될까?

여기에서도 흑이 아무렇게나 두어서는 살 수가 없다. 분명히 살 수 있는 맥점이 있다.

과연 흑은 어떻게 두어야 할까?

1도 (정석)

흑1이 정석이다.

여기서 흑ㄱ으로 호구벌리면 4도가 되어 살지 못한다. 이 흑1에 대해 백은 다음 세가지로 공격할 수 있다.

2도 (계속)

흑⦿에 대한 일반적인 공격은 백1, 3인데 흑6까지로 패가 된다. 또, 백1로 4의 곳에 뛰어 들어도 흑3, 백ㄱ, 흑2의 패가 되는데 실전에 가장 가깝다.

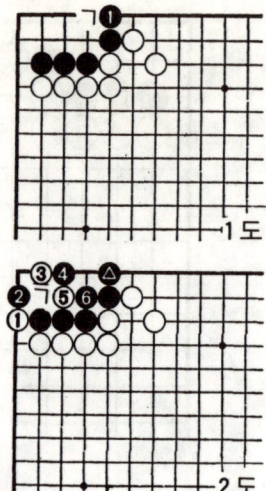

3도 (변화)

흑⦿일때 백1로 두어도 패가 만들어진다. 백1이면 흑2, ˝3,흑4, 백5는 외곬수의 진행이다. 그때 흑6으로 먹여친다. 단, 백1로는 직접 백5에 두는 것이 백3, 흑4의 교환이 없는만큼 백의 이득이 된다.

4도 (현현기경)

현현기경에 수록된 문제로 흑⦿에 호구벌리고 있다. 이것은 백1, 3으로 흑은 살지 못한다.

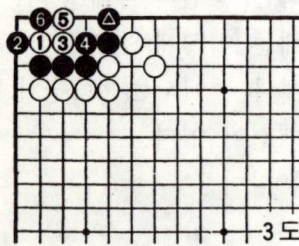

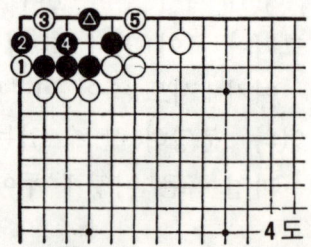

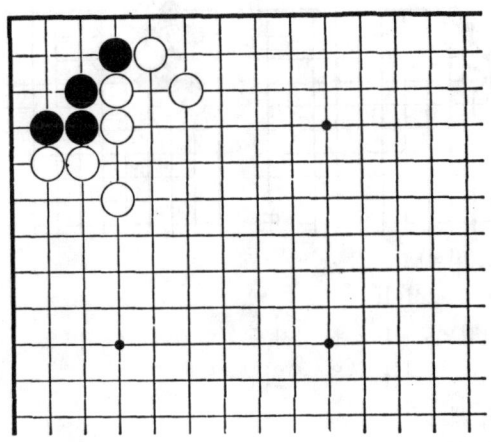

제 4 문

흑이 먼저 둘 때

흑선(黑先)이라고 하여 무조건 살 수 있다고 생각해서는 큰 오산이다. 맥점에 착수를 하지 않으면 흑이 먼저 둔다고 하여도 살 수가 없다.

여기에서는 어느 곳에다가 먼저 일착(一着)을 하여야 할까 하는 것이 주요 포인트이다. 과연 흑은 어느 곳에다가 두어야 할까?

수를 찾아야 한다. 수 읽기의 중요성이 강조되는 문제이다.

자, 그럼 이 문제에 적중하는 수를 찾아보자.

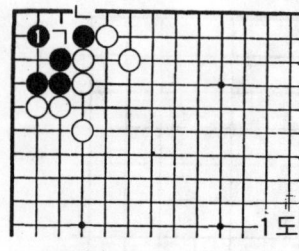 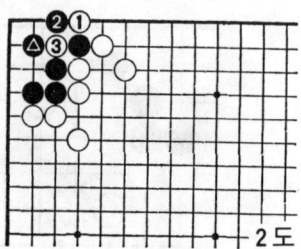

1 도(정석)

흑 1 이 정석이다.

일반적으로 이 흑은 살지 못한다. 여기서 ㄱ으로 이으면 백ㄴ으로 젖혀와 흑은 살지 못한다.

2 도(패)

흑❷에는 당연히 백 1 로 단수한다.   그러면 흑 2 의 패로 저항하고 백 3 으로 때려서 패싸움이 벌어진다.

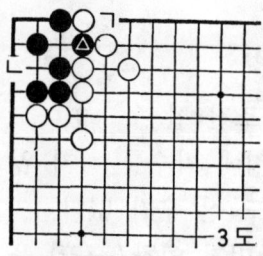

3 도 (되때림)

알맞은 팻감이 있어서 백이 2 도의 흑 2 에 응수하면, 흑은 ❷으로 패를 되때리게 된다. 만약 백이 ㄱ으로 굴복하게 되면 흑ㄴ으로 산다.

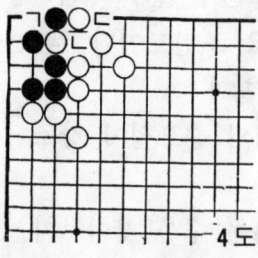

4 도 (한수의 가치)

이 그림은 백이 패를 되때린 모양이다. 다시 백ㄱ으로 빵때리면 백은 20집이 굳어진다. 반대로 흑ㄴ, 백ㄷ으로 진행되었을 때와 비교하면 귀에서만 한수의 가치는 약 10집이 된다.

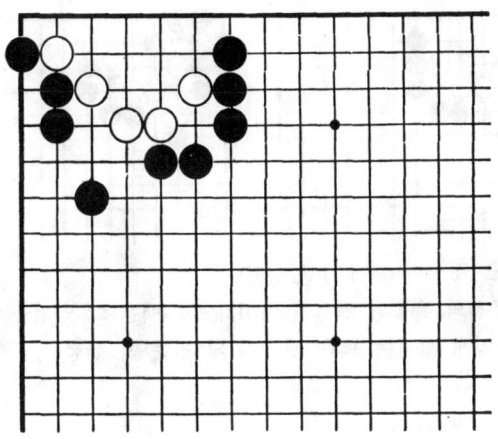

제 5 문

백이 먼저 둘 때

혹의 두터움에 비해 백은 너무 초라하다.

이러한 모양은 실전에서 자주 나타난다.

백의 현명함을 요구하는 문제이다. 수읽기의 힘이 필요하다.

혹의 외세가 두텁다고는 하지만, 결점이 없는 것은 아니다. 그 결점을 찔러 이용하면 길이 생긴다.

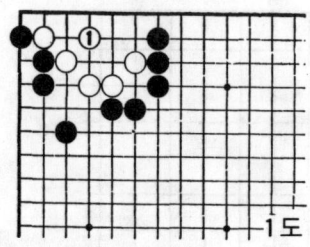 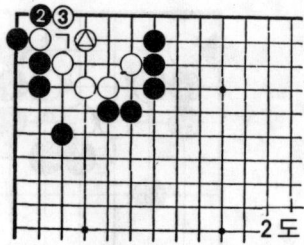

1 도 (정석)   백 1 이 정석이다.

왼쪽위의 흑돌의 연결이 미비하므로 백은 그 약점을 노려서 어떻게 해서든, 백은 왼쪽 위에 있는 백 한점을 구출해내려고 한다.

2 도 (계속)

백△에 대해 흑 2 로 단수하면 백 3 의 패로 대응한다. 패를 이용해서 저항해야 할 곳인데, 백ㄱ으로 이어서는 끝장이다.

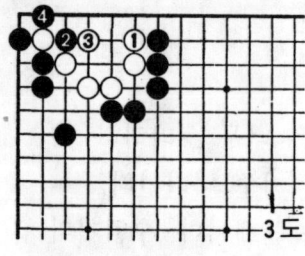 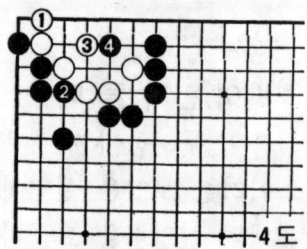

3 도 (나쁨)

백 1 로 궁도를 넓히려는 것은 바람직하지 못하다.

흑 2, 4 하여 백 한점을 끊어먹으면 흑은 꼼짝 못한다.

4 도 (실패)

백 1 로 내려서는 수도 궁도를 넓힐 것 같지만 그렇지 않다.

흑 2, 4 로 이것 역시 백의 실패이다.

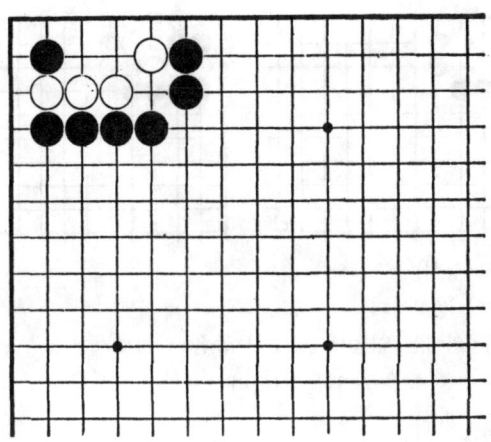

제 6 문

백이 먼저 둘 때

그다지 어려운 문제는 아니다. 그러나 수읽기의 힘을 필요로 하는 문제이므로, 신중을 기할 필요가 있다.

결국 패싸움이 될 수 밖에 없는 문제이다.

백으로서는 흑의 다음 응수를 염두에 두고, 착수를 시도하지 않으면 안된다.

수계산을 병행하면서 한 수 한 수를 진행해 나아가는 것이 바람직한 방법이다.

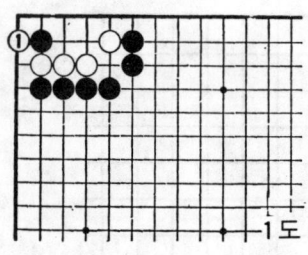 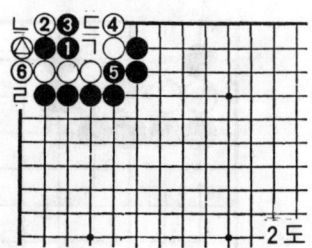

1도 (정석)

백1이 정석이다.

이 수 외에는 없는데 궁도가 좁은 관계로 어느 누구든 쉽게 이 수를 찾을수 있을 것이다.

2도 (계속)

백△에 흑1이면 이하 백2부터 백6까지가 원본의 정석 수순이다. 다음에 백ㄱ, 흑ㄴ, 백ㄷ의 수단이 있으므로 백6 일 경우 흑은 ㄴ, 또는 ㄹ로 응수한다.

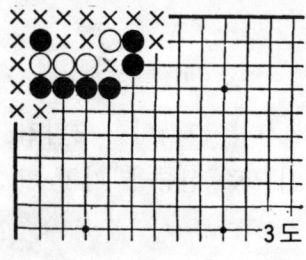 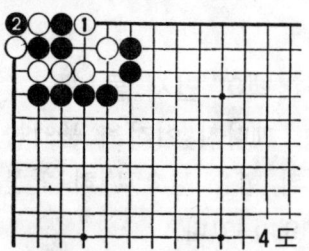

3도 (계산)

흑이 한수 두면 ×표의 계산은 흑 23집이 되고 백이 두수 두어 살면 백은 7집이 되므로 석수의 출입(出入) 30집이 된다.

4도 (한수의 가치)

여기서 만약 패가 될 경우 계산은 간단해서 흑, 백에 관계 없이 처음 착수하는 수는 10집의 가치가 있다.

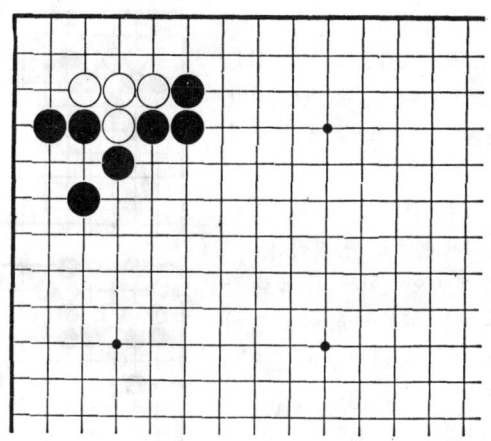

제 7 문

백이 먼저 둘 때

매우 엉성하게 보이는 백 모양이지만, 그렇다고 단념해서는 안된다.

이러한 모양은 실전에서도 자주 나타나는 문제이다.

언뜻보면 백이 가망이 없는 문제처럼 보이지만, 사실은 살아날 수 있는 묘수가 있다.

이 문제의 포인트는 바로 백의 제 1 착 (第一着) 이다.

1 도 (원본의 정석)

백 1, 흑 2, 백 3이 정석이다. 앞으로 약간 어려움을 겪겠지만 어쨌든 이 1, 3으로 흑의 공격에 응수해 준다.

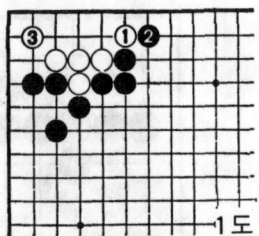

2 도 (계속)

강력하게 흑 4로 공격했다.

백⊙가 모양이어서 이 4로 끊어서는 백을 기분좋게 해줄 뿐이다. 백 5, 흑 6일 때 백 7이 중요한 한수이다. 백 7로 ㄱ에 두면 흑 ㄴ을 당해 백은 그대로 죽고 만다.

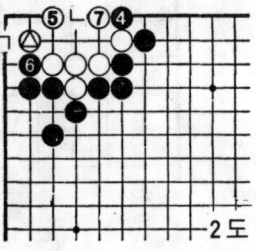

3 도 (계속)

백⊙에 대해 흑 1로 따내면 백 2, 흑 3의 진행이 된다. 여기서 백은 다른 곳에 패를 써서 ⊙의 패를 되때려 사활을 건 패싸움이 되어 버린다.

4 도 (정석)

1도의 백 3으로 그림의 백 1에 두면 흑 2, 백 3일 때 흑 4에 두어도 패가 만들어진다. 백 ㄱ에 두어도 흑 ㄴ으로 모두 죽게 되므로 백 5에 두는 것이 원본의 정석보다 낫다.

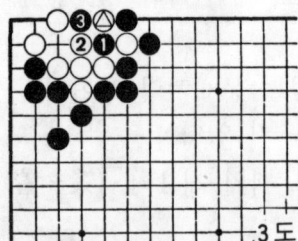

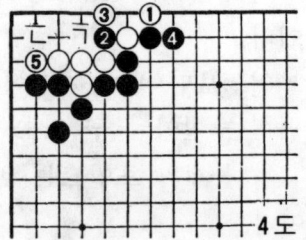

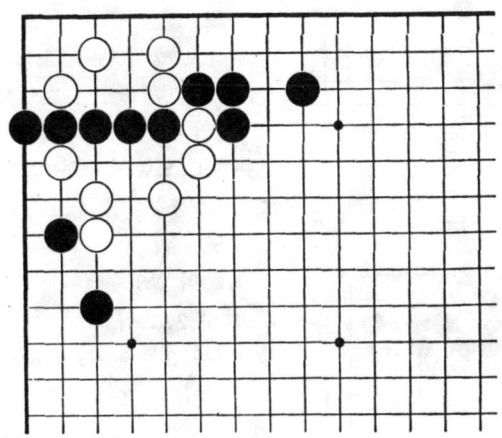

제 8 문

흑이 먼저 둘 때

이 문제는 약간 어렵기 때문에 초급 이하에 있는 독자로는 선뜻 이해하기 곤란할 것이다.

백(白)에게 포위 당한 흑 다섯 점이 어떻게 움직여 나아가는가 하는 것이 이 문제의 포인트이다.

지금 상태로서는 흑이 수가 부족하다. 따라서 흑은 좌상귀의 백 네점과 수싸움에 신경을 쓰지 않으면 안된다.

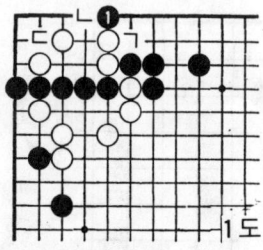

1 도 (정석)

흑 1로 붙여 백이 ㄱ, ㄴ, ㄷ의 어느 쪽으로 응수할 것인지 동정을 살핀다. 백ㄱ으로 응수하면 2 도, 백ㄴ으로 응수하면 3 도, 백 ㄷ으로 응수하면 4 도가 된다.

2 도 (삶)

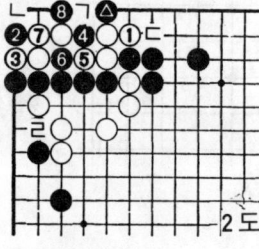

흑◎의 붙임수에 대해 백 1로 두면 흑 2로 뛰고, 백 3일 때 흑 4 이하 8로 패가 만들어진다. 흑ㄱ에 패를 이용해 흑 4로 되때리고, 백ㄴ, 흑ㄷ이 된다. 흑은 ㄹ의 팻감도 있으므로 흑 다섯점은 살 수 있다.

3 도 (패싸움)

흑◎에 대해 백 1로 막으면 흑 2, 백 3을 교환하고 나서 흑 4로 붙여둔다. 흑 8로 흑이 유리하다.

4 도 (집 하나)

흑◎에 대해 백 1로 응수하면 흑도 4, 6하여 아래쪽에 집 하나를 만들고 나서, 백의 집을 파괴해서 수싸움이 된다. 이 다음 백ㄱ, 흑ㄴ이므로 이 패에 누가 강할 것인가이다.

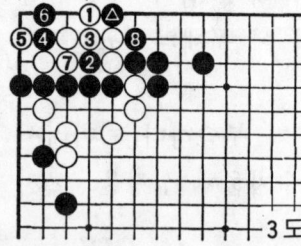

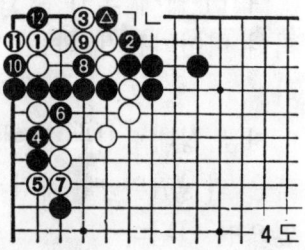

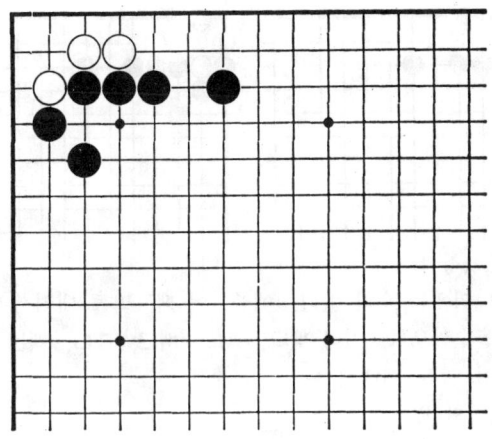

제 9 문

백이 먼저 둘 때

이 문제는 그다지 어렵지는 않으나 그렇다고 간단하게 생각할 문제만도 아니다.

결국 패싸움으로 살지 않으면 안될 모양이다. 패에 능하지 않으면 고전을 면치 못하게 된다.

패싸움에 이기지 않는 한 백은 점점 어려워지게 된다. 백 뿐만 아니라 흑쪽도 패에 능하지 않으면 백을 공격할 수 없게 된다.

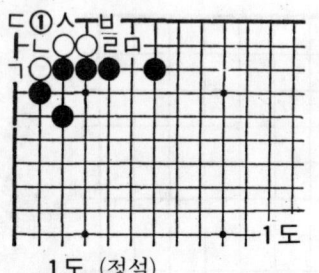 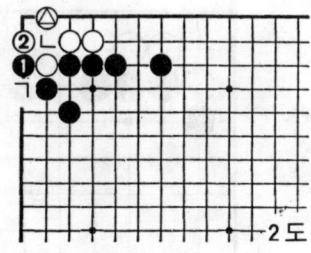

1 도 (정석)

백1 외에는 수가 없다. 예를들어 백ㄱ으로 내려서도 흑
1 로 응수하므로, 이하 백ㄴ, 흑ㄷ, 백ㄹ, 흑ㅁ, 백ㅂ, 흑ㅅ
이 되어 백의 패배이다.

2 도 (저항)

백△는 흑1일 때 백2로 저항하려는 계산이다. 팻감이 없
어서 흑ㄱ으로 응수하면 백ㄴ으로 이어 그대로 살아 나게 되
어, 흑도 ㄱ으로 응수할 수는 없는 것이다.

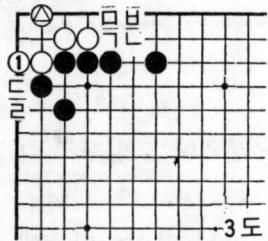

3 도 (살다)

백△에 대하여 흑이 손을 빼
면 백은 1로 내려선다. 이것
은 백ㄱ, 흑ㄴ, 백ㄷ, 흑ㄹ, 백
ㅁ, 흑ㅂ의 진행이 되어서 백
은 5집이 된다.

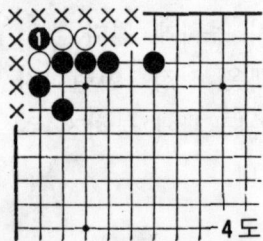

4 도 (죽다)

흑1로 귀 전체가 흑집이 되었
을 경우 ×표시의 흑집은 18집으
로, 3 도와 비교해 보면 그 차이는
23집이 된다. 그러므로 패를 이
용한 수는 약 8집인 것이다.

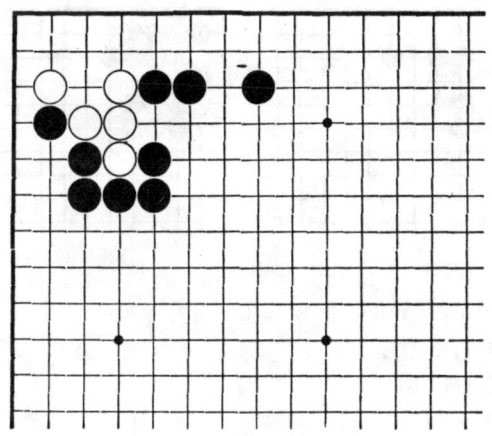

제10문

흑이 먼저 둘 때

이 백이 쉽게 죽으리라고 생각하는 사람은 아무도 없을 것이다. 백은 아직 무한한 활로(活路)의 여지를 가지고 있다.

그러나 자세히 살펴보면, 백으로서는 치명적인 약점을 가지고 있다. 흑은 재빨리 이 약점을 찾아내지 않으면 안된다. 그 약점을 공격하지 않으면 백은 결국 살아버리게 된다.

자, 어떻게 두어야 할까?

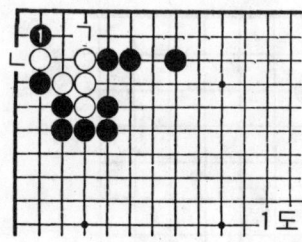 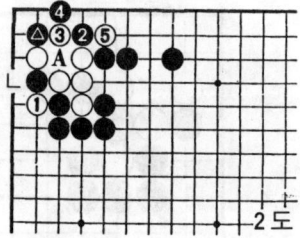

1 도 (정석) 흑 1 이 정석이다.

이 흑 1 은 ㄱ과 ㄴ을 맞보기로 삼아서 백은 양쪽을 동시에 방어하지 못한다.

2 도 (계속)

흑▲에 백 1 로 끊는다. 흑은 처음부터 계산하고 있었던 흑 2 로 넘어서 백 3, 흑 4, 백 5 의 패가 될 수밖에 없다. 흑 ㄱ으로 패를 때리고 백ㄴ이면 흑 3 으로 이을 것이므로 백은 패로 싸워야만 한다.

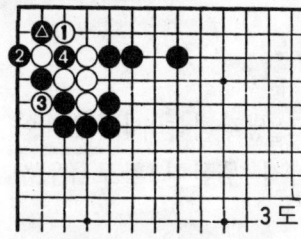 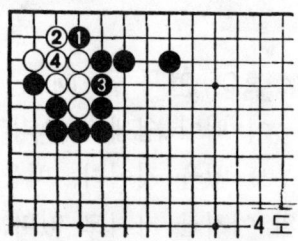

3 도 (변화)

흑▲에 백 1 로 흑을 넘지 못하도록 막으면 흑 2, 백 3, 흑 4 의 패가 될것이 틀림없다.

4 도 (실패)

흑 1 로 젖히며는 백 2 를 허용해서 흑 3, 백 4 의 교환은 좋지만, 백은 여기서 살아나 흑의 실패가 된다.

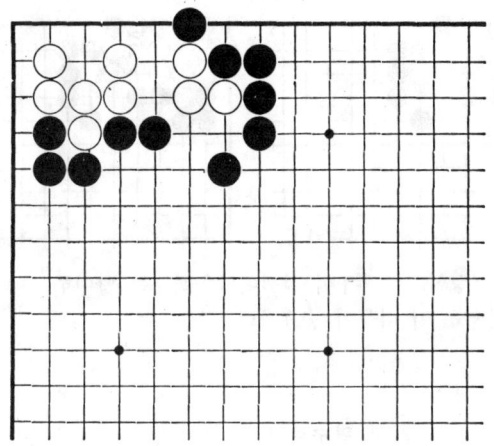

제11문

흑이 먼저 둘 때

많은 사람들이 백의 '삶'을 확신해버리기 쉬운 문제이다.

완벽하게 살아버린 것처럼 보이는 백을 공략하여 궤멸시킬 수 있는 묘수가 있다.

그 묘수를 찾아, 진행해 나아가는 것이 이 문제의 촛점이다.

과연 흑은 어디서부터 제1착을 던질 것인가?

수를 찾아보자.

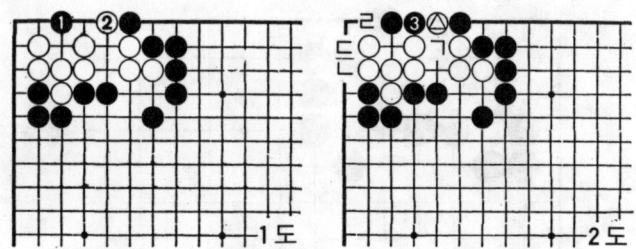

1 도 (정석) 흑 1이 정석이다. 백 2 는 당연한 수다.
여기서는 이 다음이 중요하다.

2 도 (계속)

흑 3 하여 백⊘를 단수로 모는 것이 절묘한 착수다. 백ㄱ에
두면 흑ㄴ, 백ㄷ, 흑ㄹ이 되어 이 백은 모두 잡힌다. 흑 3 은
이 경우 맥점이긴 하지만 흔하지 않다.

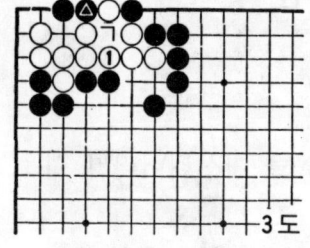

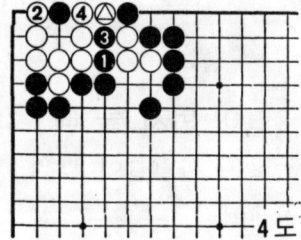

3 도 (계속)

흑⬤에 백 1 로 저항한다.

흑ㄱ으로 패를 때려 백의 사활이 걸린 패싸움이 벌어진
다.

4 도 (실패)

백⬤일 때 흑 1 로 추궁하면 백 2, 흑 3, 백 4 하여 백은 석점
을 버리고 가볍게 살아난다.

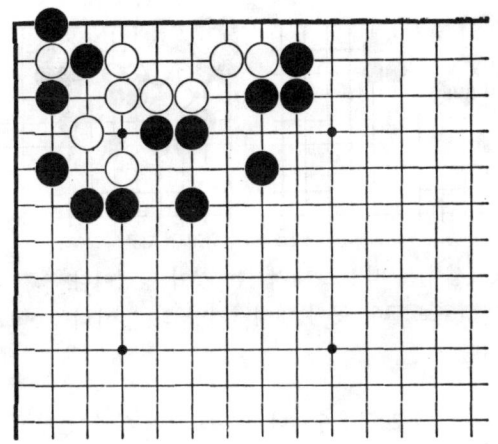

제12문

백이 먼저 둘 때

백은 현재 여간 불리하지 않다. 제아무리 백이 먼저 둔다고는 하지만 여기서 두 집을 확보하기란 여간 어려운 것이 아니다.

그렇다고 전혀 수가 없는 것은 아니다. 백으로서는 먼저 그 수를 찾아야 한다. 만약에 집을 확보하지 못할 경우에는 비상수단이라도 써야 한다. 비상수단이란 다름아닌 패를 만드는 일이다.

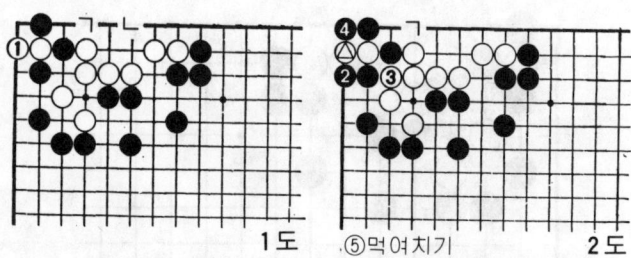

1 도 ⑤먹여치기　　2 도

1 도 (정석)　백 1로 내려서는 것이 정석이다.

백은 선수로 ㄱ의 곳에 내려서기만 하면, 이다음 백ㄴ으로
살수 있다.

2 도 (계속)

백△에는 흑 2로 응수한다.　흑은 백의 의도를 알아차리고
백ㄱ을 선수로 허용하지 않으려는 응수가 되겠다.　역시 백
3에도 흑 4로 따낸다. 그 따낸 자리를 백 5로 먹여친다.

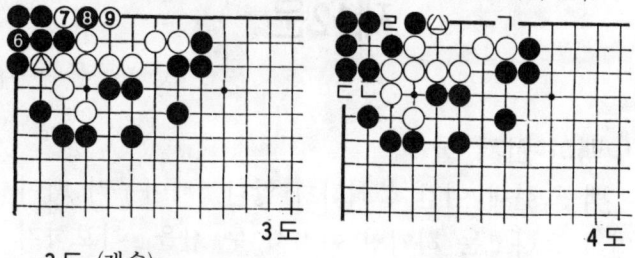

3 도　　　　　　　　4 도

3 도 (계속)

백△로 먹여치면 흑 6으로 때린다. 이 흑 6을 7에　두면
백 8을 선수행사하여 백이 살아　난다는 것은 1 도에서　설
명한 것과 같다. 백 7로 먹여치고 9로방어한것이 다음 그림
이다.

4 도 (패)

백△에 흑ㄱ으로 집을 파괴하면 백ㄴ, 흑ㄷ, 백ㄹ로 패가
만들어진다.　이렇게 되어 백은 성공으로 이끌었다.

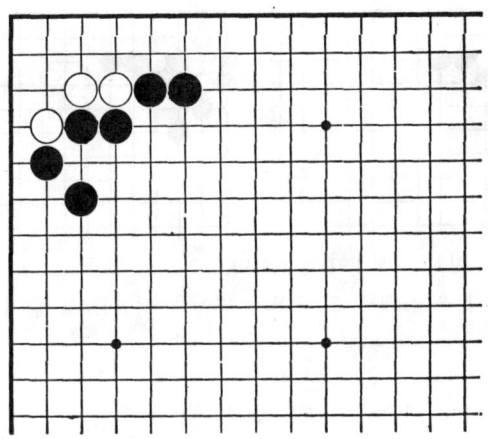

제13문

백이 먼저 둘 때

이 그림 역시 실전에서 자주 나타나는 문제이다.

흑이 화점(花點)을 중심으로 하여 날일자로 양날개를 편 형상에 백이 귀를 탐내어 3·3에 뛰어들었을 때 이러한 모양이 나타난다.

특히 접바둑의 경우에 3·3침입사건이 많이 일어나게 되는데, 이 때 어떻게 응수하느냐에 따라 침입해 온 돌이 살거나 혹은 죽는다.

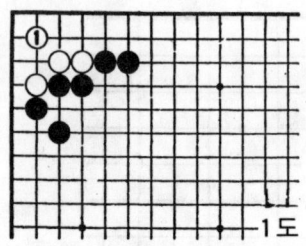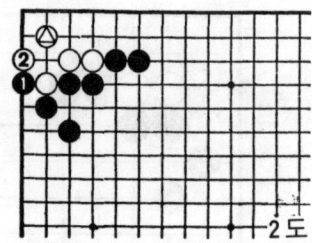

1도 (정석)　백 1이 정석이다.

화점의 흑에 대해 3·3으로 뛰어든 백돌은 살 수 있을 것 같다.

2도 (계속)

흑은 1로 단수하고 백은 2의 패로 저항한다. 이 모양은 전문기사들의 실전에서 흔히 볼 수 있는 것이다.

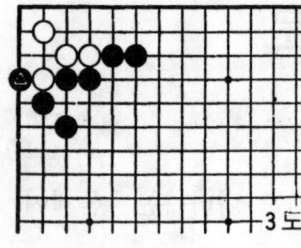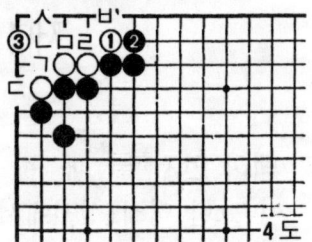

3도 (실전)

흑●일 때 백이 손을 빼고 다른 곳으로 눈을 돌리는 것도 실전에서 흔히 볼 수 있다. 이것은 패를 뒷맛으로 남기게 된다.

4도 (속임수)

백 1로 젖혀두고 흑 2일 때 백 3의 속임수도 있어서 초보자들을 난처하게 만든다. 흑ㄱ이면 백ㄴ, 흑ㄷ, 백ㄹ이 된다. 또 흑ㄹ일 경우 백ㅁ, 흑ㅂ, 백ㄷ이여서 삶이다.

이 속임수의 대책은 흑ㄷ, 백ㅁ, 백ㅅ으로 진행하면 된다.

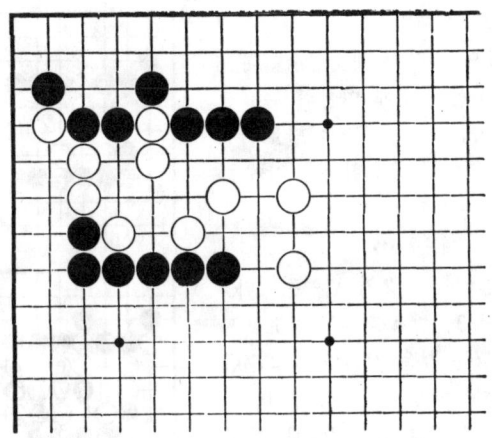

제14문

흑이 먼저 둘 때

이 모양은 흑선으로 백을 끊어서 공략할 수 있느냐 하는 것이다. 이러한 문제 역시 실전에서 자주 쓰인다. 그 경과도와 결과도를 잘 기억해 두기 바란다.

특히 이 문제는 초보자들이 자주 틀린다. 이것은 끊는 맥에 관한 실력이 부족하기 때문이다.

백의 급소를 찾아서 공격한다면 의외로 어렵지 않게 문제를 해결할 수 있을 것이다.

1 도 (정석)

흑 1 이 정석의 제 1 단계이다.
'바둑은 수순에 따른다'는 격
언이 있는데, 이 문제야말로 수
순이 얼마나 중요한가를 알게
해준다.

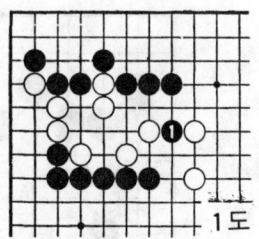

1 도

2 도 (계속)

흑▲에는 백 2 가 필연적이다.
이때 흑 3, 백 4 를 교환하고 흑
5 로 끊는 것은 정석의 다음수단
이 된다. 백 6, 흑 7 로 끊었다.
이하 백ㄱ이면 흑ㄴ이여서 두군
데나 끊을 수가 있다.

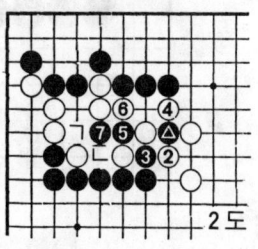

2 도

3 도 (실패)

흑 1, 백 2 를 교환하고 나서 흑 3 하는 것은 백 4 가 있어서
성공하지 못한다. 백의 약점은 ㄱ의 곳이므로 흑 3 으로라도
흑ㄱ에 두어야만 한다.

4 도 (실패)

날카롭게 끊는 수가 있는데도 불구하고 이렇게 흑 1 로
들여다 보아 백 2 로 잇도록 허용하는 것은 백을 크게 도와주
는 결과밖에 되지 않는다.

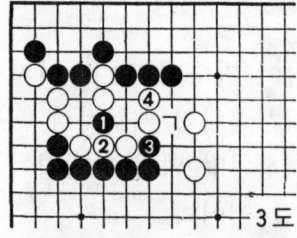

3 도

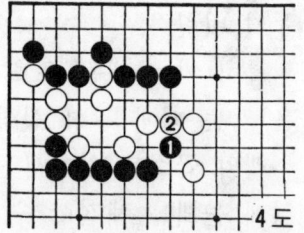

4 도

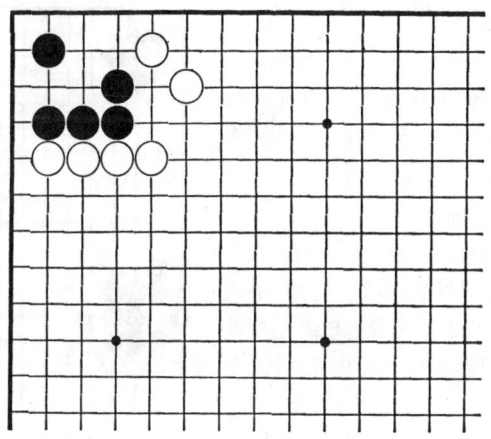

제15문

백이 먼저 둘 때

수읽기의 힘을 이용하여 흑의 급소를 찾아내는 것이 무엇보다 급선무이다.

귀라는 특수성은, 그것을 어떻게 이용하느냐에 따라서 그 양상을 유리하게, 또는 불리하게 이끌어갈 수가 있다. 이러한 점을 잘 이용하여 그 맥을 짚어 나가지 않으면 안된다.

쉬울 것 같으면서도 사실은 어려운 문제이다.

1 도 (정석)

백 1로 착수해서 공격한다.

백 1에 두지 않고 백ㄱ에 두면 3도가 되고, 또 백ㄴ에 두면 4도가 되어 모두 실패로 끝난다.

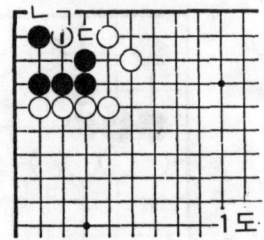

2 도 (계속)

백△에 흑 2로 공격했을 경우, 백 3이 귀의 2·1을 활용한 공격이다. 백 3을 왼쪽변으로 넘어가게 해서는 안되므로 흑 4로 둘 수밖에 없으며, 백 5, 흑 6을 교환하여 사활을 건 본패가 된다.

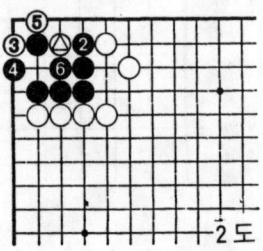

3 도 (나쁨)

이처럼 백 1에 두면 흑 2로 막아 흑은 완전히 살게 되므로 좋지 않다. 또 흑 2로 ㄱ에 두어도 완전히 살게 된다.

4 도 (실패)

백 1로 붙이는 것도 좋지 않다. 흑 2로 응수하는 것이 좋고, 계속해서 백ㄱ이면 흑ㄴ, 백ㄷ, 흑ㄹ이 된다. 또 백 1로 백ㅁ에 두면 흑ㅂ으로 두어 다음에 백 2일 때 흑 1로 이것 역시 실패다.

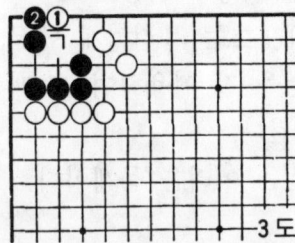

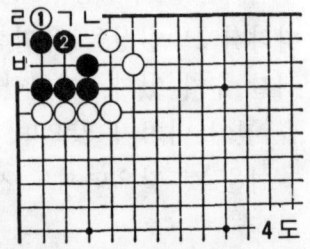

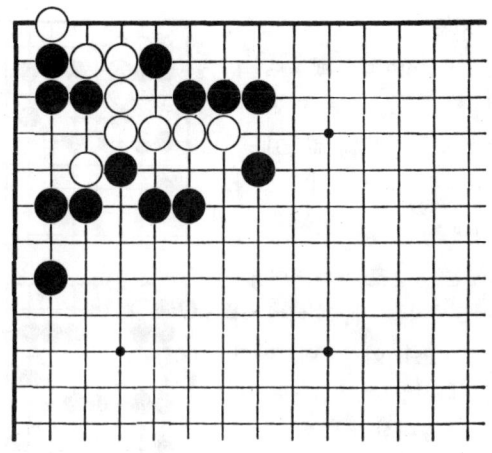

제16문

백이 먼저 둘 때

이 문제는 초급 이상의 실력을 가진 사람이 아니면 풀기 어려운 수준급의 문제이다. 수준이 낮은 독자가 본다면 분명히 백이 죽은 것으로 속단할 것이다. 그러나 바둑에 있어서 성급한 속단은 금물이다. 사막에도 분명히 지하수는 존재한다. 과연 그 물줄기가 어디에 있는가 하는 점이 숙제일 뿐이다. 이 문제에서도 흑의 약점을 찔러서 백이 위기를 면할 수 있는 묘수는 분명히 있다.

1 도 (정석)

백 1은 필연적이다. 백 1로 ㄱ
에 두면 흑 ㄴ으로 모두 죽게 되
므로 백 1로 둘 수밖에 없는데, 흑
에게는 다음과 같은 방법이 있다.

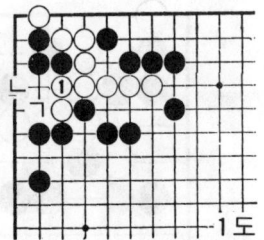

2 도 (계속)

백⚪에는 흑 2로 둔다. 백 3,
흑 4, 백 5까지는 외곬수이다. 이
때 흑 6이 묘수 여서 백 ㄱ이면
흑 ㄴ으로 다섯집 뛰어듦수로 만
든다. 또 흑 6 대신 흑 ㄷ에 두면
백 6으로 가볍게 패가 만들어진다.

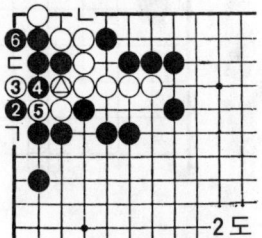

3 도 (원본의 수순)

백 1부터 흑 6까지는 필연적이
다. 이때 원본에서는 백 7 이하
15까지의 패로 만드는 수순을
하고 있지만, 7로는 **4 도**의 백 1
이 훨씬 간단하다.

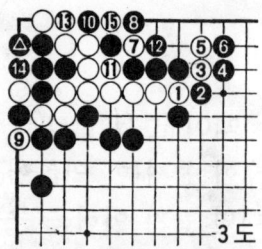

4 도 (장생)

이 백 1이 알기 쉽다. 백 5로
흑 6을 강요하고 백 7, 흑 8일 때
백 9의 묘수로 장생 이다. 흑 ㄱ
으로 두점을 때리고 백은 흑 8과
흑 ㄱ의 두점을 되때린다. 흑 8로
먹여치고 백 9로 치받고…… 끝
없이 반복되어 「장생」이다.

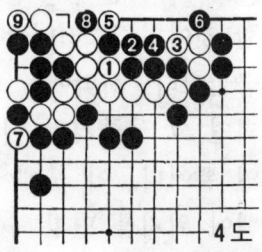

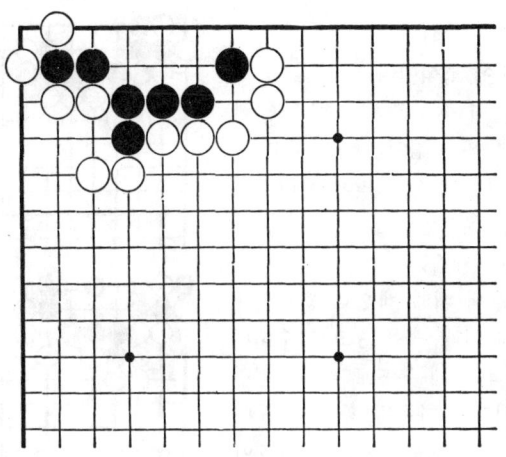

제17문

흑이 먼저 둘 때

백이 이미 귀쪽을 침범하여 흑의 품속으로 넘어들어온 이상 흑은 고전을 면치 못할 형상이다.

이 상황에서는 적어도 패가 되지 않으면 흑은 살아날 가망성이 없어진다.

어떻게 하면 패를 만들 수 있을까?

수읽기의 힘을 이용하여 묘수를 찾는 것이 중요하다.

자, 수를 찾아보자.

1 도 (정석)

흑1이 정석이다.

이 흑1을 손빼고 백1을 허용해서 흑 두점이 단수당하면, 흑은 어려운 상황을 맞게 된다.

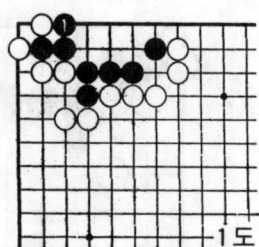

1 도

2 도 (계속)

흑▲에 대해 백2로 응수한다.

이에 대해 흑은 3으로 수비하고 백4일 때 흑5로 패를 때린다. 이것은 다음에 흑ㄱ에 두어 한집을 갖추는 것과, 또 백ㄱ이면 흑ㄴ으로 삶을 맞보게 된다.

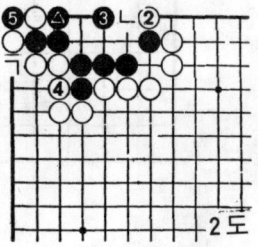

2 도

3 도 (변화)

흑▲에 대해 백1로 집을 파괴해 오면 흑2로 받는다.

이것은 다음에 백ㄱ일 경우 흑ㄴ으로 여기서도 패를 다툴 작정이다. 백ㄴ일 경우에는 흑ㄱ이다.

4 도 (전멸)

흑1로 잇는 것은 좋지 않다. 백2의 뛰어듦을 허용하면 흑은 그대로 모두 죽는다.

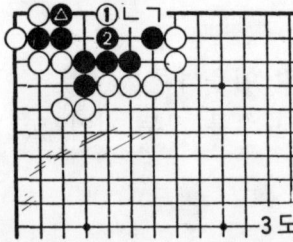

3 도

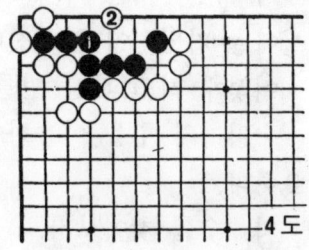

4 도

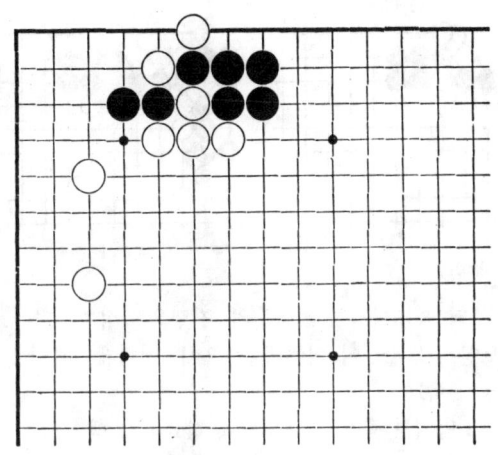

제18문

백이 먼저 둘 때

혹 2점을 잡고 변에 갇힌 백 2점을 살릴 수 있는가 없는가 하는 점이 이 문제의 주요 포인트이다.

여기서 백은 먼저 혹 2점을 잡는 것보다 변쪽의 백 2점이 살아나올 수 있는 (수를 늘릴 수 있는)길을 찾는 것이 더 급선무이다.

수읽기의 힘이 절대적으로 필요한 곳이다.

자, 적절한 수를 찾아보자

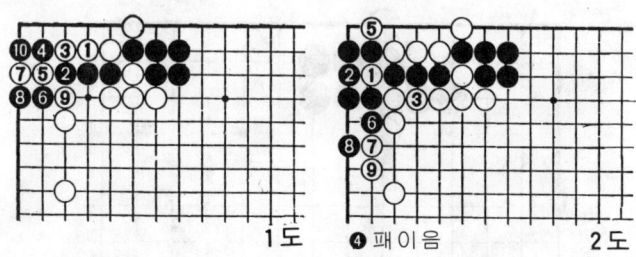

1 도 (정석)

백 1 부터 흑10까지는 외곬수의 진행으로 정석이다.

돌탑모양(石塔型)'이 되는데 다음이 어렵게 된다.

2 도 (계속)

백 1 로 먹여쳐 흑 2 로 때리도록 강요하고 백 3 으로 단수해 흑 4 로 잇는 것은 외곬수이다. 백 5 가 중요한 수다. 흑 6 부터 백 9 까지 되어 다음과 같이 된다.

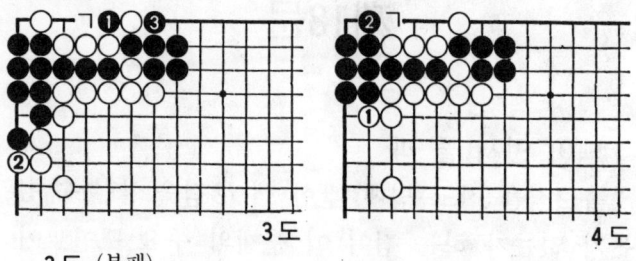

3 도 (본패)

흑 1 로 먹여친 것에 대해 백은 손을 빼고 백 2 에 두는 것이 정석이다. 이에 흑 3 으로 때려서 본패가 되어 버린다. 성급하게 백 2 로 백ㄱ에 두어 흑 1 의 한점을 때리면, 흑 3 이 므로 백은 한수가 모자라게 된다.

4 도 (실패)

2 도의 백 5 로 그림의 백 1 로 밀면 흑 2 를 허용해서 백이 패한다. 흑 2 로 ㄱ에 젖혀두어 백 2 로 흑이 실패한다.

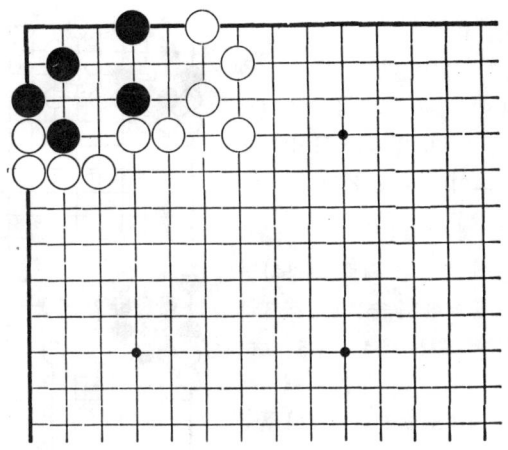

제19문

백이 먼저 둘 때

매우 어려운 문제이다. 이 정도의 문제를 풀수 있는 사람은 상당한 기력(棋力)을 가지고 있다고 확신할 수 있다.

흑은 이미 집 확보에 필요한 모든 요건들을 갖추고 있다.

여기서 과연 백이 선(先)으로 흑을 잡을 수가 있을까?

우선 흑의 급소를 찾는 것이 급선무이다.

1 도 (정석)

백 1이 정석이다.

백 1에 대해 흑의 응수는 ㄱ과 ㄴ의 두가지가 있다. 흑ㄱ이면 2 도, 흑ㄴ이면 4 도가 된다.

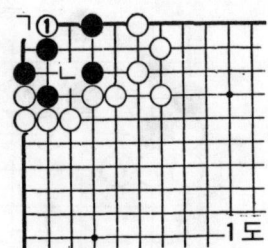

2 도 (계속)

백△에 흑 1의 패로 대응하면 백 2가 중요한 수순으로 흑 3과 교환하고 나서 백 4, 흑 5, 그러면 백 6으로 두어 흑 7로 백 두점을 때려내도록 하는 것이 훌륭하다.

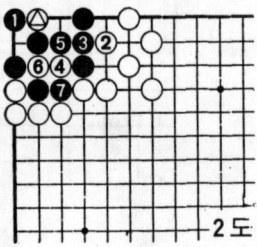

3 도 (계속)

흑● 로 2 도의 백 두점을 따내면 백 8로 먹여치는 것이 훌륭한 수순이다. 흑은 이것을 ㄱ으로 때린다. 이 때 백은 ㄴ으로 패를 때리는 것이 정석이 된다.

4 도 (변화)

백△에 흑 1이면 백 2, 흑 3을 교환하고 나서 백 4로 둔다. 흑 5하여 궁도를 넓혀도 백 6, 흑 7, 백 8이어서 이것 역시 흑ㄱ으로 패가 만들어진다.

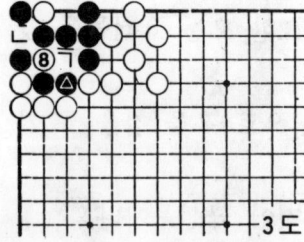

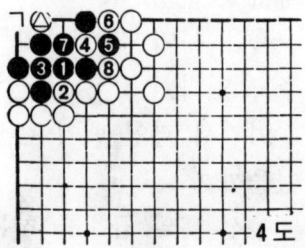

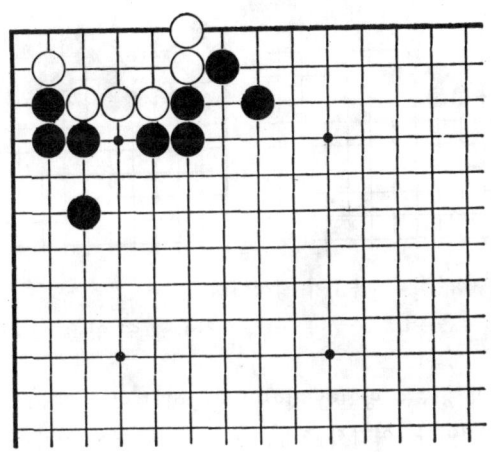

제20문

흑이 먼저 둘 때

이 문제 역시 그렇게 쉽지만은 않은 문제이다. 물론 방법은 있다. 그러나 자칫 잘못하다가는 백이 살아버리고 만다.

이 문제에서의 중요 관건은 흑선으로 백을 잡을 수 있느냐 없느냐 하는 것이다.

과연 어떻게 해야 흑이 백을 모조리 잡을 수 있을까? 이 문제도 수계산을 필요로 하고 있다.

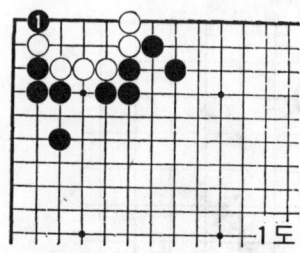

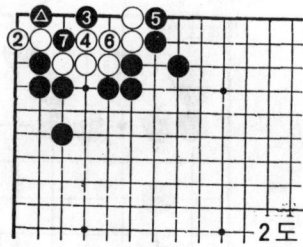

1 도 (정석)   흑 1 이 정석이다.

이 흑 1 은 어느 누구나 금방 찾아낼 수 있을 것이다.

2 도 (계속)

백 2 의 응수는 당연한 것이며 흑 3 이 모양의 급소다. 백 4 도 필연적이다. 여기서 흑 5 로 수비하는 것이 먼저 이익을 취한 다음잡는 수다. 백 6 일 때 흑 7 로 먹여쳐 패가만들어진다.

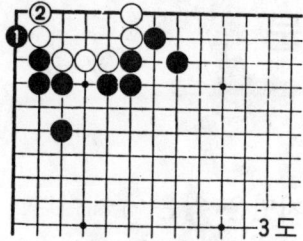

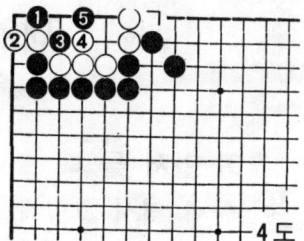

3 도 (이적행위)

흑 1 로 젖혀 백 2 로 내려서는 것을 허용해서는 도리어 백을 유리하게 해줄 뿐이다. 백은 2 의 곳을 노리고 있다.

4 도 (수순)

제 37 문에서는 가운데 쪽에 공배가 한곳이 비어 있는데 이 그림처럼 공배가 메워져 있을 경우 보통 흑 3, 5 의 패로 만들 것이다. 하지만 역시 흑 3 으로는 흑 5 에 두어 백 4, 흑ㄱ이 올바른 수순이다.

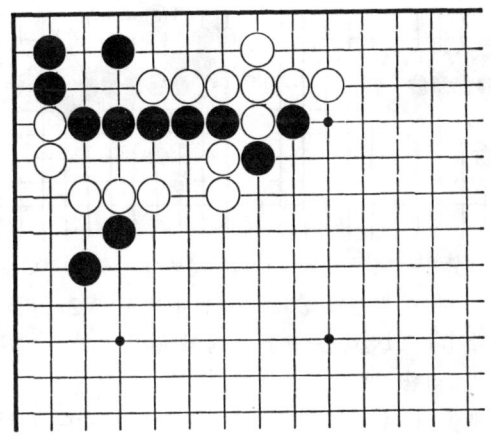

제21문

백이 먼저 둘 때

언뜻 보면 쉽게 살 수 있을 것 같이 보인다. 그러나 백선으로 묘맥을 짚어가면 흑을 잡을 수가 있다.

전체적으로 보아 큰 모양을 하고 있지만, 의외로 그 원리를 알고 나면 그다지 어렵지 않은 문제이다.

맥수만 짚어가면 쉽게 흑을 공략할 수가 있다.

그렇다면 백은 어떻게 착수를 하여야 할까?

48

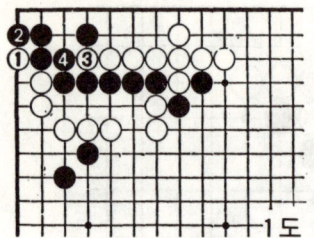
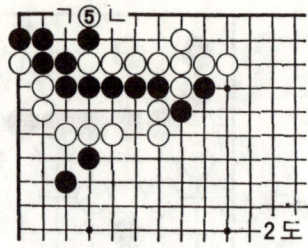

1도 (정석) 강력하게 나가는 것보다는 무엇보다도 상대
방을 유인하는 작전이 중요하다. 먼저 백1, 흑2가 이에 대한
사전공작이다. 그런다음 백3, 흑4가 된다.

2도 (강력한 수)

계속해서 이 백5가 이 모양에서의 강력한 수다. 이렇게 되
어 흑대마는 난처하게 된다. 흑ㄱ에 두면 백ㄴ으로 흑은 그
대로 죽어버린다.

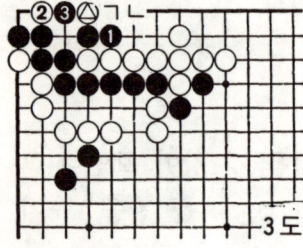
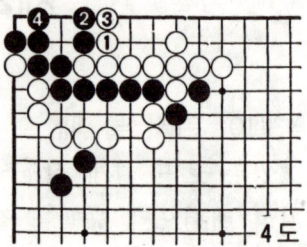

3도 (패)

따라서 흑은 백△에 대해 1로 진출하는 것이 올바른 응수
여서 백2, 흑3하여 사활을 건 패가 된다. 백2로 ㄱ에 두
면 흑ㄴ으로 기분좋게 살아난다.

4도 (이적행위)

패로 잡는 수단이 있는데도 이렇게 백1, 3으로 진행하면
흑2, 4로 응수하여 적을 유리하게 해 준 결과가 되어 버린다.

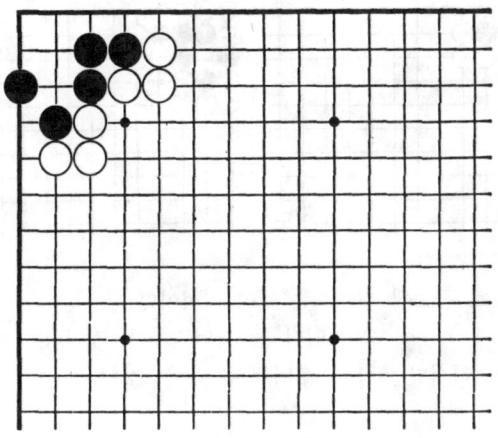

제22문

백이 먼저 둘 때

백이 먼저 두게 되므로 포위 당한 흑으로서는 여간 부담스럽지가 않다.

이 그림의 경우, 만약 흑선(黑先)이라면 문제가 될 것도 없다. 왜냐하면 이미 흑으로서는 두 개 이상의 눈을 확보할 여지를 많이 가지고 있기 때문이다.

그러나 백이 먼저 둘 때는 양상이 달라진다.

백이 흑을 잡을 수 있는 길은?

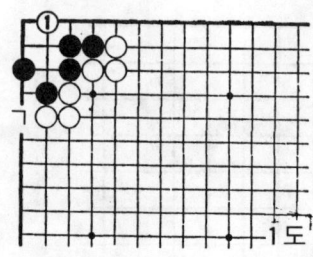 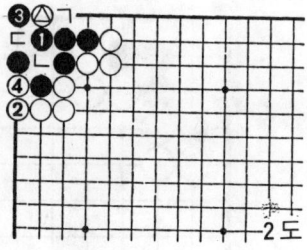

1도 (정석)

백1로 급소에 뛰어드는 것이 정석이다.

'2·1의 곳에 수가 있다'는 격언에 따른 것이다. 백1로 ㄱ에 내려서면 흑1로 수비해서 흑은 산다.

2도 (계속)

백△에는 흑1로 저항하는 것은 필연적이다. 그러면 백2로 내려서고 흑3, 백4로 패가 만들어진다. 흑ㄱ이면 백ㄴ이 된다. 흑ㄱ에 두지않고 ㄴ에 두면 백ㄷ으로 받는다.

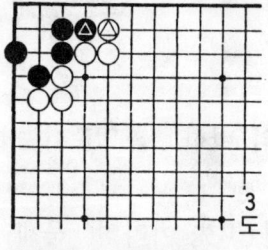

3도 (반성)

여기서 흑이 패가 된 이유는 흑△와 백△을 교환했기 때문인데,이 교환이 없었더라면 흑은 살 수 있었다. 공배를 함부로 메워서는 안된다는 점을 여기서 알아두어야 한다.

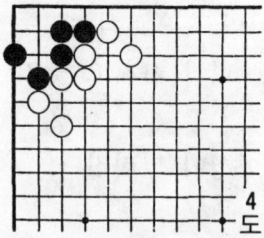

4도 (현현기경)

현현기경에 수록되어 있는 문제다. 여기서는 젖힘수가 듣고있지 않아서 기경중묘(碁經衆妙)의 문제에 비해 비교적 쉽다고 할 수 있겠다.

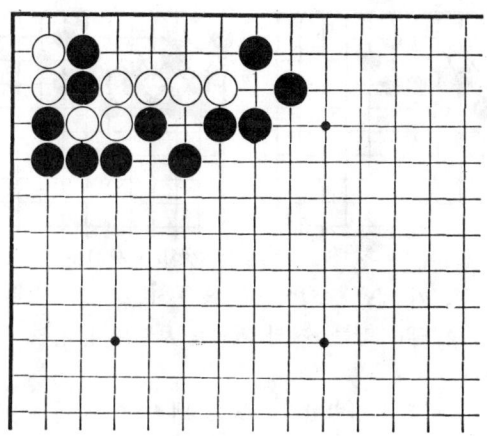

제23문

흑이 먼저 둘 때

이 그림은 매우 재미있는 문제이다. 귀의 백은 외벽을 흑에게 포위당해 있고 내적으로는 흑 두 점과도 사활을 건 싸움을 시도하지 않을 수 없는 운명적인 상황에 처해 있다.

여기에서 만약 흑이 먼저 공격을 개시할 경우 귀의 백을 섬멸할 수 있는가 ?

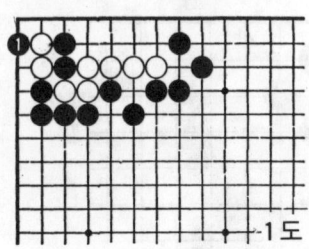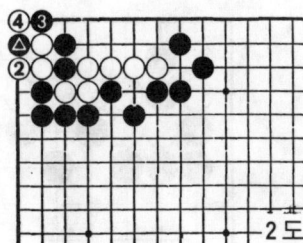

1 도 (정석)　흑 1 로 붙여두는 것이 정석이다.

백의 궁도가 넓은 모양이므로 흑은 1 로 강력하게　공격한다. 4 도의 '잡는 수'와 비교해 보도록 한다.

2 도 (계속)

흑⬤에 백 2 로 반발한다. 흑 3, 백 4 하여 패가　만들어진다. 흑⬤로 2 의 곳에 두어 백에게 ⬤를 허용해서는,　백의 궁도가 넓어서 흑은 다음 수가 사라져 버린다.

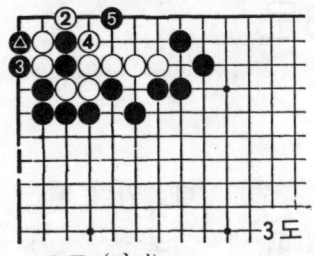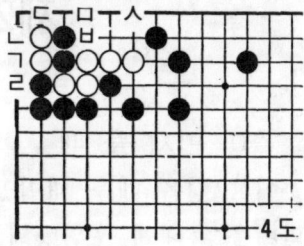

3 도 (전멸)

패가 되는 것이 불만이어서 백 2 로 흑 두점을 잡는 작전으로 나가면 흑 3, 백 4, 다음 흑 5 가 아주 좋은 착수여서 백은 그대로 죽고 만다.

4 도 (비교)

이 그림에서는 흑ㄱ부터 ㅅ까지의 수순에 의해 무조건으로 백을 잡고 있다. 그 차이점을 잘 찾아보기 바란다.

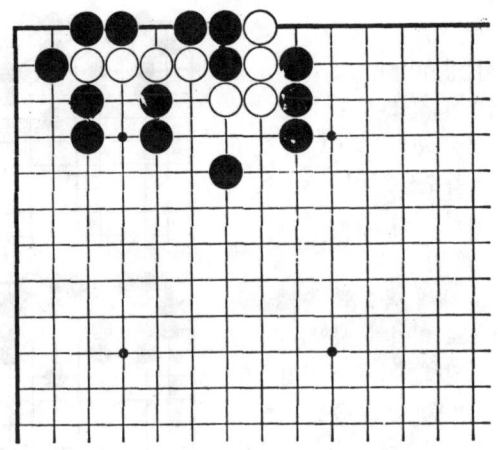

제24문

백이 먼저 둘 때

상당히 재미있는 문제이다. 현재 백은 흑으로 완벽하게 둘러싸여 있고, 백이 선수로 흑 3 점을 따낸다 하더라도 다음 흑의 치중(뛰어듦)으로 한 집밖에 확보하지 못한다. 계속해서 백이 흑 2 점을 따낸다 하더라도 흑은 먹여침으로써 백의 두 집 확보를 허용하지 않을 것이다.

자, 그렇다면 어떻게 두어야 할까? 여기에서도 수순이 문제이다.

1 도 (정석)

백1이 정석이다.

이 백1이 절묘한 수이다.

이것 역시 귀의 2·1의 곳이
다. 귀의 특수성을 이용 할 수
있는 효과가 있다.

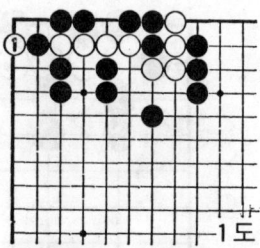

1 도

2 도 (계속)

백◎에 대해 흑2로 이을 경
우 백3으로 먹여쳐 사활을 건
패싸움이 된다. 패에 이기면 흑
ㄱ으로 왼쪽과 오른쪽을 빵때
려 두집을 갖추게 된다. 각자
확인해 보도록 한다.

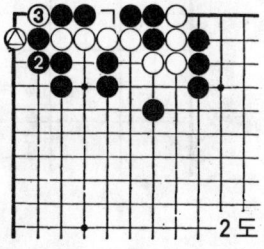

2 도

3 도 (무조건)

패가 불만이어서 백◎에 대해, 흑2로 이으면 백3으로 따
내고, 흑ㄱ으로 이으면 백은 흑 석점을 때려낸 자리에 두집을
갖추어 가볍게 살 수 있다.

4 도 (죽음)

백이 석점을 잡아버리고, 흑이 때린 자리에 뛰어들면 백은
때린 자리에 ●로 먹여친다. 이 다음 백ㄱ에 두어도 흑ㄴ으
로 그만이다.

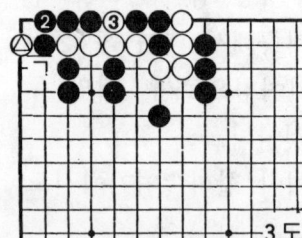

3 도

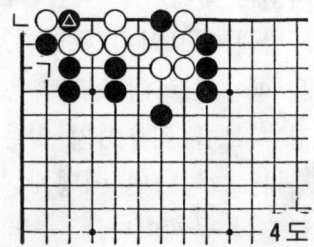

4 도

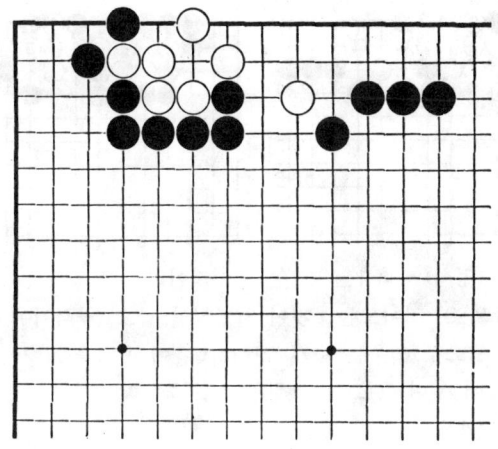

제25문

혹이 먼저 둘 때

그림을 보면 참 재미있는 문제라는 것을 알 수가 있다. 백은 이미 한 집을 확보하고 있고, 새로운 한 집도 곧 확보할 수 있을 것으로 보인다. 초보자의 경우, 이러한 문제를 접하게 되면 백이 분명히 살아버릴 것으로 생각한다. 그러나 수읽기의 힘을 이용하여 잘 생각해 보면 반드시 그렇지만도 않다.

급소를 찌르면 백도 붕괴될 위험에 처한다.

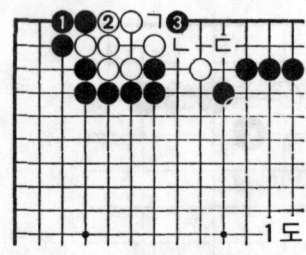 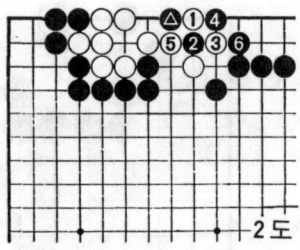

1 도 (정석) 흑1, 백2는 필연적이다.

흑3으로 뛰어드는 것이 일반적인 급소 공격이어서 다음에 흑ㄱ으로 끼우는 수가 강력하다. 이 흑ㄱ을 막기 위해서 백ㄴ에 두면 흑ㄷ으로 백은 모두 죽는다.

2 도 (계속)

흑▲에 대해서는 백1 뿐이 없다. 흑2, 백3, 흑4, 백5일 때 흑6의 단수로 몰아 사활을 건 패싸움이 되어 버린다.

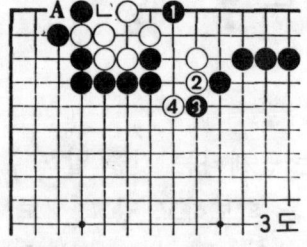 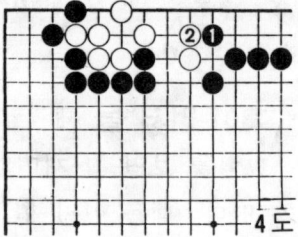

3 도 (성급)

흑ㄱ과 백ㄴ을 교환하지 않고 즉시 흑1로 뛰어드는 것은 성급하게 서두른 것이다. 백2, 4의 저항을 받아 뒷맛이 좋지 않고 흑ㄱ으로 잇는 수가 좋지 않을지도 모른다.

4 도 (나쁨)

흑1, 백2를 생각지도 않고 교환해버리는 것은 오히려 적을 유리하게 해준 결과밖에 되지 않는다.

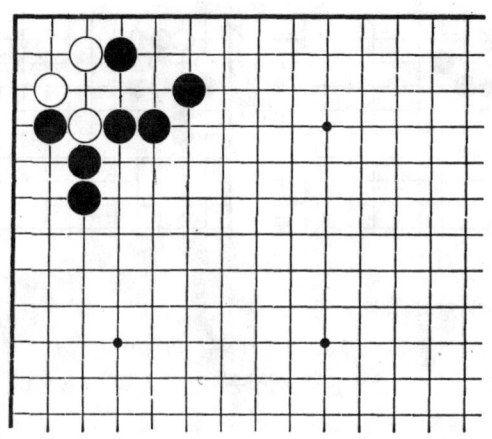

제26문

백이 먼저 둘 때

이 그림은 그야말로 폐허 위에 기둥만 세워 놓은 위험한 모습을 연상케 하는 백 모양이다.

이렇게 비좁은 곳에서는 살기가 어렵다고 생각하기 쉽다.

그러나 수는 있다.

백 선수(先手)로 살 수 있는 길은 무엇인가?

묘수를 찾아보자.

수읽기의 힘을 동원하지 않으면 안될 것이다.

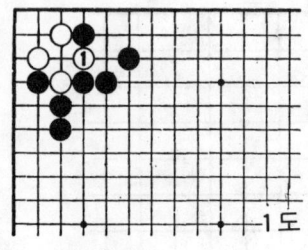
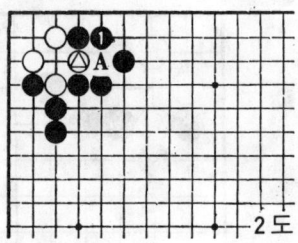

1도 (정석)

백 1이 정석이다.

이것은 처음부터 패로 저항하려는 의도이다.

이 수에 두지 않으면 백 석점은 그대로 죽은 돌이다.

2도 (계속)

백△에 흑 1로 뻗는다. 흑ㄱ으로 단수하고 싶은 생각이 들겠지만 그러면 4도가 되어 백은 살아버린다.

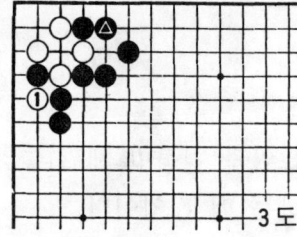
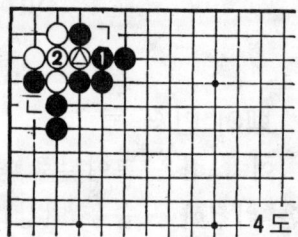

3도 (계속)

흑△일 때 백 1로 끊어 패로 저항한다. 여기서 백은 어디까지나 패로 저항하는 것이므로 패에 이겨서 흑 한점을 빵때 릴 경우 당당히 살게 된다.

4도 (실패)

백△를 흑 1로 단수하면 백은 2로 이어 ㄱ과 ㄴ을 맞보기로 삼아서 살게 되는 것이다.

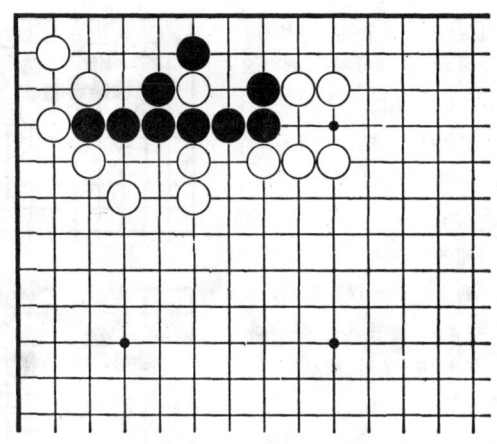

제27문

백이 먼저 둘 때

그다지 쉬운 문제는 아니다. 언뜻보면 흑은 완전히 살아버린 것처럼 보인다. 그러나 사실은 그렇지 않다.

백선(白先)일 경우, 백이 어떻게 두느냐에 따라 흑이 사느냐 죽느냐가 판가름난다.

백선(白先)으로 분명히 흑을 궤멸시킬 묘수가 있다.

그 수를 찾는 것이 이 문제의 주요 포인트이다.

1도 (정석) 백1이 정석이다.

평범하게 왼편 위쪽을 백ㄱ으로 두면 흑ㄴ, 백ㄷ, 흑1로 가볍게 살아 난다. 또 이 1로 백ㄴ에 두면 흑ㄱ으로 이것역시 가볍게 살수 있다.

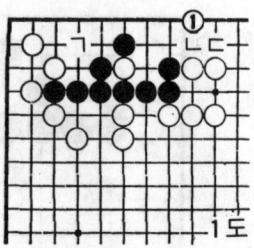

2도 (계속)

흑1, 백2는 당연한 것이다. 흑3에 백4도 필연적인 한수다. 여기서 흑은 5, 7의 패로 저항해 백ㄱ에 두면 흑ㄴ으로 집을 만들려는 것이다. 수순 가운데 흑3으로 4에 두면 3도가 되어 흑은 전부 죽는다.

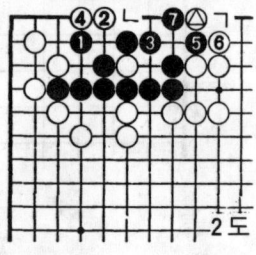

3도 (변화)

2도의 흑3으로 이와같이 흑1로 막으면 백2를 허용하여 백△를 잡지 못하고 흑은 모두 잡혀 버린다.

4도 (변화)

2도의 백4로 이렇게 백1에 두면 어떻게 될까? 그 경우 흑ㄱ이면 백2로 두어 다행이지만 흑2를 당한다음 백ㄱ에 두면 흑ㄴ으로 흑은 살아 난다.

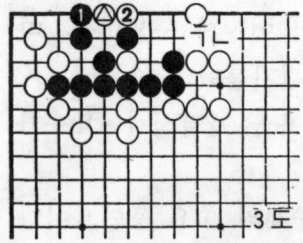

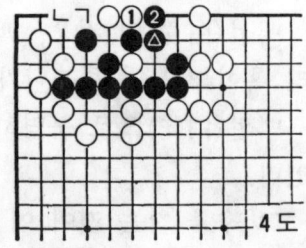

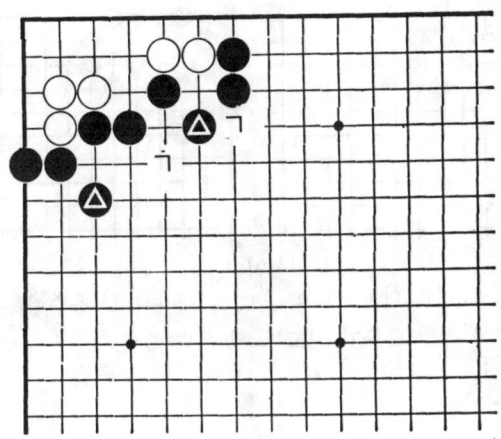

제28문

흑이 먼저 둘 때

이 문제 역시 상당한 수준급에 있는 기사(棋士)가 아니면 풀기 어려운 문제이다.

흑선(黑先)으로 백을 잡을 수 있는 길은 우선 백의 급소를 찾는 일이다.

어디에다가 제 1 착(第一着)을 두어야 할까?

흑으로서는 심히 어려운 순간이다.

그러나 분명히 실마리를 풀어나갈 수 있는 묘수는 있다.

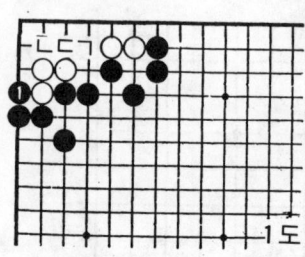 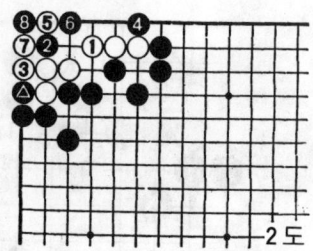

1도 (정석)　흑1이 정석이다.

이것에 백은 다음 ㄱ, ㄴ, ㄷ의 세가지로 응수할 수있다.
백ㄱ으로 두면 2도가 되고 ㄴ에 두면 3도, ㄷ에 두면 4도
가 된다.

2도 (계속)

흑⦿에 백1이면 흑2로 붙여 둔다. 백3, 흑4, 백5는
외곬수이고 흑6, 8하여 패가 만들어진다.

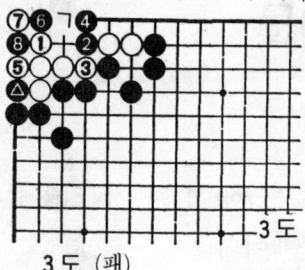 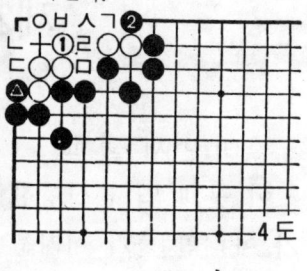

3도 (패)

흑⦿에 백1이면 흑2로 젖혀두고 4로 내려선다. 백5 이
하 흑8까지 패가 만들어진다. 「현현기경」에는 「소기(小機)」
란 이름으로 출제되었다. 백5로 ㄱ에 두면 흑6, 백7, 흑
5가 된다.

4도 (전멸)　　흑⦿에 백1이면 흑2로 젖혀 백은 모두
죽는다.　　이 다음　백ㄱ으로 저항해도 흑ㄴ, 백ㄷ, 흑ㄹ,
백ㅁ, 흑ㅂ, 백ㅅ, 흑ㅇ이 된다.

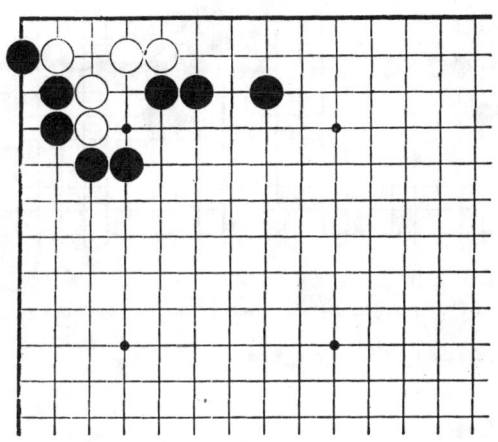

제29문

백이 먼저 둘 때

이 그림은 상당히 어려운 문제이다. 여간해서는 백이 살기 힘든 모양이다.

여기서 백이 살 수 있는 유일한 길은 패로 만들어서, 패싸움에 이기는 길이다.

평범한 응수로는 살 수가 없으므로 비상한 수를 생각해내지 않으면 안된다.

백으로서는 패가 유일한 비상수단이다.

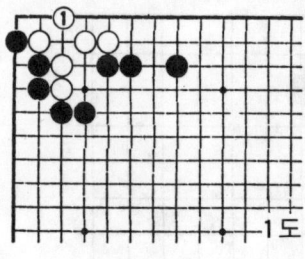

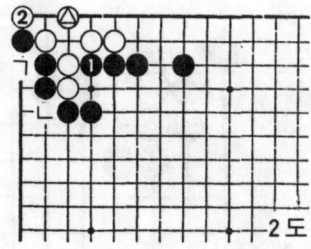

1 도 (정석)

백 1이 정석이다. 이 수 외에는 집 모양을 만들지 못한다는 것을 알 수 있다.

2 도 (계속)

백△에는 흑 1로 집을 파괴하지 않을 수 없으며 그러면 백 2로 먹여쳐서 저항한다. 이렇게 되어 흑은 ㄱ으로 이으면 백 ㄴ의 단수가 있어서 패로 싸우지 않을수 없게 된다.

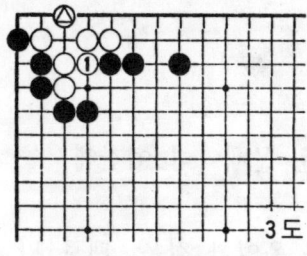

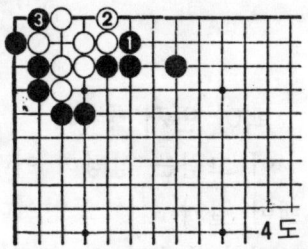

3 도 (생각)

실전에서는 백△일때 흑이 즉시 2도의 흑 1로 집을 파괴해야 될것인지 생각해 볼 필요가 있다. 여기서 손을 빼면 백은 1의 곳에 한수 더 가하는 것이 고작이다.

4 도 (꽃놀이패)

백이 두수를 가해도 흑 1, 백 2, 흑 3으로 아직도 패로 만드는 수가 있어, 이것은 흑의 꽃놀이패가 된다.

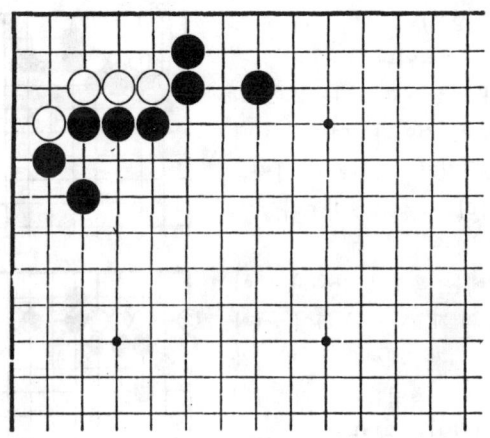

제30문

백이 먼저 둘 때

이러한 모양에서는 백이 꽤 어려운 국면에 처하게 된다. 제아무리 백이 먼저 둔다고는 하지만, 아무렇게나 두어서는 결코 살지 못한다.

패를 만들지 않는한 백은 살 수가 없다. 일단 패를 만들어, 그 패싸움을 승리로 이끌어가야 한다.

흑의 입장에서는 백의 패를 성립시켜서는 안된다.

1도 (정석)

백 1이 정석이다.

무턱대고 살려고 하다가는 도리어 죽게 될 것이다. 여기서는 백 1로 호구벌려 차분하게 패싸움을 기다리는 것이 올바르다.

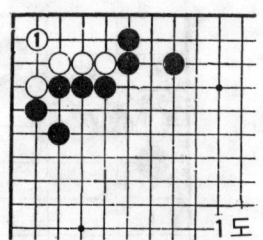

2도 (계속)

백△에는 흑 1로 단수하고 이를 백 2의 패로 응수하여 사활(死活)을 건 패싸움이 벌어진다. 이 패는 출입(出入)의 차가 상당하여서 서로 팻감을 잘 읽어야 한다.

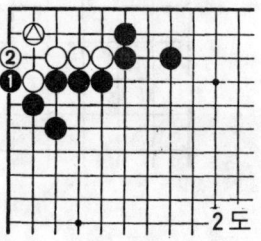

3도 (나쁨) 그림의 백 1은 나쁘다.

흑 2, 4로 한점을 따내고 백 5에 흑 6으로 응수하면 백은 살지 못한다. 백ㄱ이면 흑ㄴ이다.

4도 (실패)

백△일 때 흑 1로 백을 잡으려다가는 도리어 흑이 나쁘게 된다. 백은 2, 4, 6하는 수순이 멋지고, 흑ㄱ이면 역시 패가 되긴 하지만 백ㄴ으로 단수해 흑이 이으면 백이 이를 따낸다.

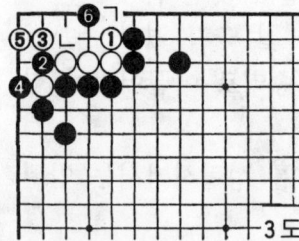

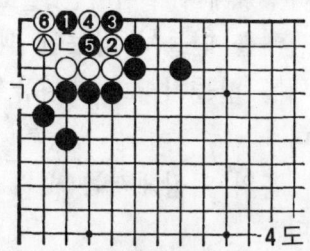

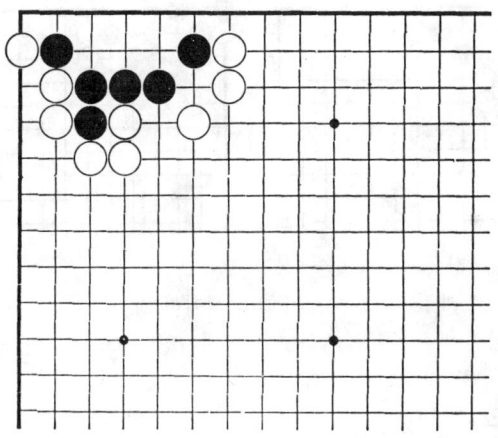

제31문

흑이 먼저 둘 때

이 모양에서 흑이 살려면 최소한 두 수를 소비하지 않으면 안된다.

참으로 괴로운 흑 모양이다.

그렇다고 수가 없는 것은 아니다.

묘수는 있다. 그 묘수를 찾는 것이 이 문제의 주요 포인트이다.

흑으로서는 비상 수단, 즉 패를 만드는 것이 효과적이다.

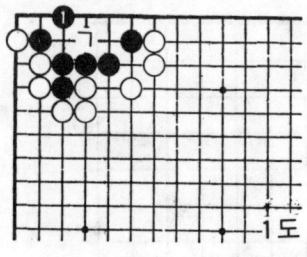
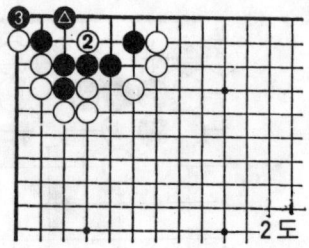

1 도 (정석)

흑 1 로 패를 이끄는 것이 최선책이다.

그러면 백은 패를 피하고 싶어지지만 그렇게 하면 흑ㄱ으로 응수할 것이므로 괴롭다.

2 도 (계속)

흑△에는 당연히 백 2 로 집을 파괴한다. 그러면 흑 3 으로 응수해야 살수있다.

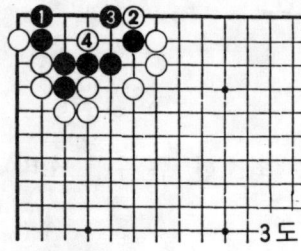
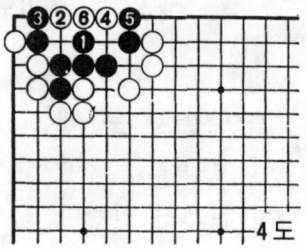

3 도 (죽음)

먼저 흑 1 로 내려서면 백 2, 4 를 당해서 다섯집 뛰어듦수로 죽는다.

4 도 (죽음)

이 흑 1 도 나쁘다. 급소인 2 를 백에게 선점(先點) 당한 다음 흑 3 으로 대항해서 백 4, 흑 5, 백 6 이어서 흑은 모두 죽음을 당한다.

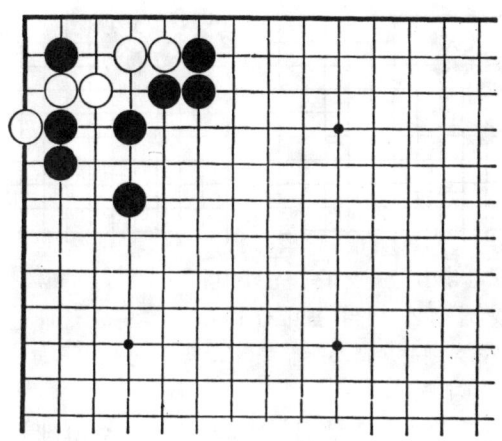

제32문

백이 먼저 둘 때

백으로서는 안팎에 가시같은 적이 버티고 있어서 여간 부담스럽지가 않다.

언뜻 보기엔 결코 백이 살아날 가망이 없는 문제처럼 보인다.

그러나 수는 있다. 맥점을 짚지 않으면 안된다.

백이 먼저 둘 때, 사는 수는 무엇인가?

이 문제 역시 패가 만들어진다.

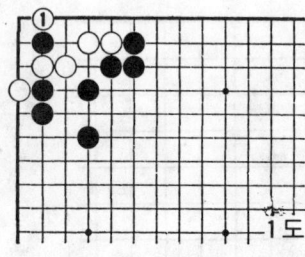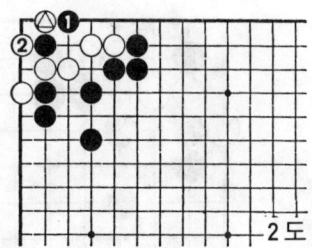

1 도 (정석)　　백 1이 정석이다.

이것 역시 2·1의 곳이 급소다.

이 수 외에는 어느 곳에 두어도 백은 살지 못하고 죽는다.

2 도 (계속)

백△를 흑 1로 저항하면 백 2로 사활을 건 패싸움이 된다. 흑이 패에 이기면 흑 26집, 백이 이기면 백 6 집이어서 출입 계산으로 32집의 패가 만들어진다.

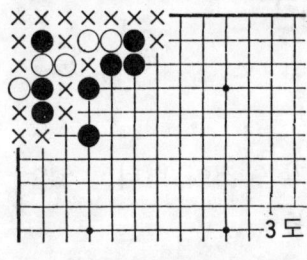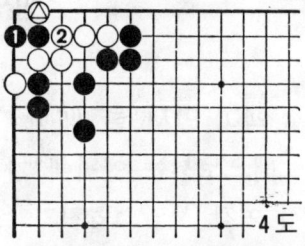

3 도 (계산)

국면에 대한 수계산은 현재의 상태로 보아 귀의 땅은 약15 집강(强)의 흑집으로 볼 수가 있다. 패를 만들 경우에는 약 10집강(强) 정도로 계산할 수가 있다.

4 도 (나쁨)

백△일 때 흑 1로 내려서면 백 2를 당하여 백을 무조건으로 살려주는 결과가 되고 만다.

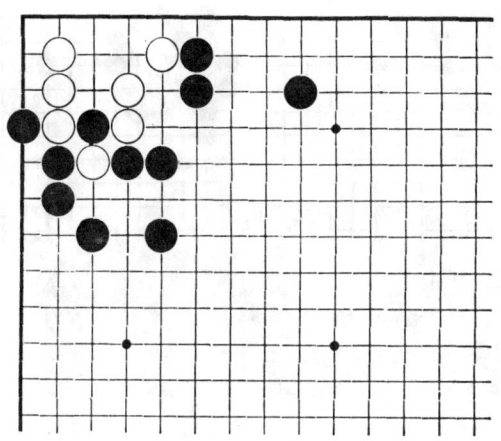

제33문

흑이 먼저 둘 때

상당히 어려운 문제이다. 이 정도의 문제를 능히 풀 수 있는 사람이라면 고급의 실력을 가지고 있다고 보아야 할 것이다.

언뜻 보기에 백이 이미 집을 확보하고 있다고 생각될른지 모르지만, 사실은 그렇지만도 않다. 흑이 먼저 둔다면 백집을 분쇄하고 귀의 백을 모두 잡을 수가 있다.

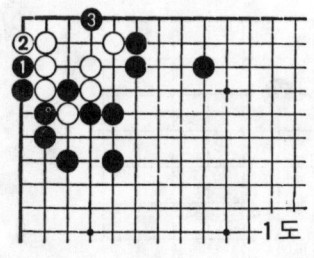
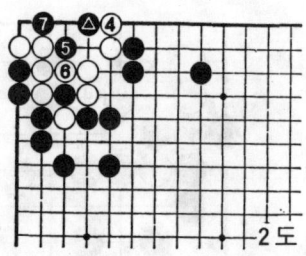

1 도 (정석)

흑 1, 백 2 를 교환해서 백의 궁도를 좁히는 것이 올바른
수순이다. 그리고 흑 3 으로 급소에 뛰어든다.

이 흑 3 의 뛰어듦 수가 정석이다.

2 도 (계속)

흑 ●에 백 4 로 흑을 넘어가지 못하게 방어하면 흑 5, 백 6
일때 흑 7 로 마늘모 붙임수한다. 흑 7 을 허용하면 백은 모두
죽게 되므로 백 6 으로는 다음과 같이 해야 된다.

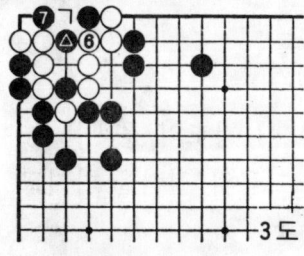
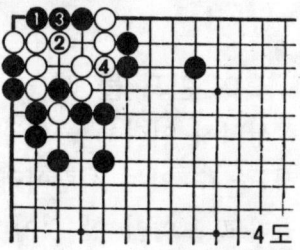

3 도 (패)

2 도의 백 6 으로는 6 으로 잇는다. 그래도 흑은 7 로
저항하고, 백은 ㄱ에 두어 패를 때린다.

4 도 (나쁨)

2 도의 흑 5 로 성급히 서둘러서 흑 1 에 두면 백 2, 흑 3,
백 4 로 「빅수의 삶」이 되므로 흑의 패배다.

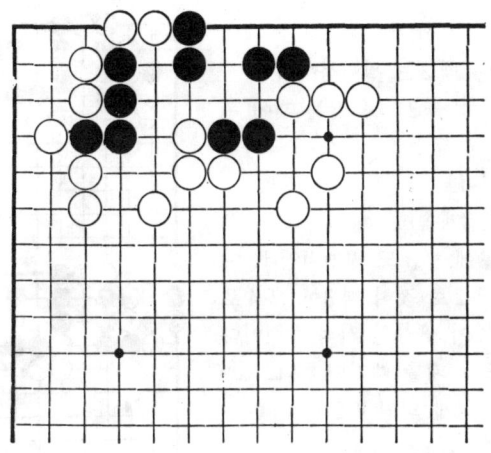

제34문

흑이 먼저 둘 때

현재로서는 백에게 완전히 포위를 당해있는 흑으로서, 두 집을 확보한다는 것이 여간 어려운 일이 아니다.

여기에서는 백의 헛점을 이용하는 것이 중요하다.

수읽기의 힘을 이용하여 적중하는 문제 해결의 열쇠를 찾아내는 것이 필요하다.

1도 (정석)

흑1, 백2는 필연적이다.

여기서 흑3으로 끊는 것이 위험스러운 순간을 패로 수습하는 묘수이다.

2도 (계속)

흑▲에 백1도 필연적인데, 여기서 흑2로 젖혀 백3에 흑4로 두는 것이 훌륭한 사석 작전이다. 백ㄱ으로 패를 때리면 흑ㄴ, 백ㄷ, 그렇게 되면 흑2로 패를 되때린다.

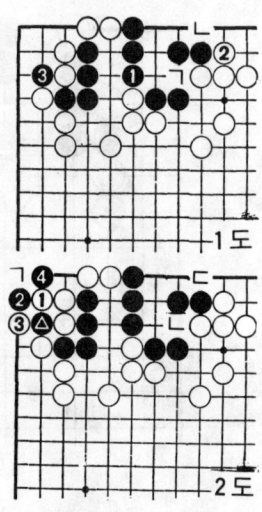

3도 (주문)

흑이 패를 되때린 이유는 백이 ㄱ에 둘 경우 흑ㄴ의 단수가 선수가 되어서 흑ㄷ으로 여기도 집 하나가 정비되기 때문이다. 백ㄷ에 두면 흑ㄴ으로 흑ㄱ의 선수로 백 두점을 따내 여기서도 집 하나를 만들려는 의도이다.

4도 (계속)

계속해서 백1로 이으면 흑2로 차단하다. 그래서 백도 이에 패를 걸면 손을 뺄 수가 없는 것이다.

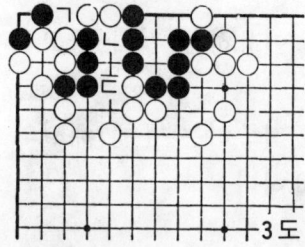

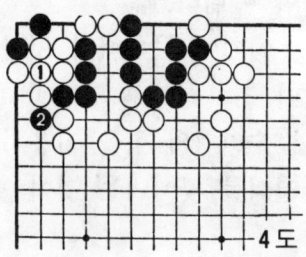

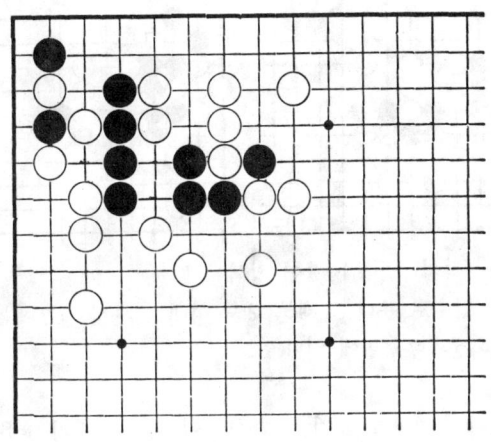

제35문

흑이 먼저 둘 때

　현재 흑은 사실상 한 집도 확보하지 못하고 있는 실정이다. 여기에서 과연 흑이 먼저　두어서 두 집을 확보하고 삶을 얻을 수가 있을까 ?

　여기에서는 보다 강력한 반발력이 요구된다. 강하게 밀고 나가지 않으면 백의 그물에 걸리고 만다.

　수읽기의 힘을 이용하여 활로를 찾는 것이　급선무이다.

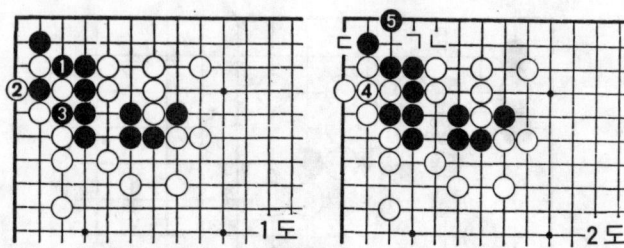

1도 (정석) 흑1, 3이 정석이다.

먼저 단수로 몬다. 백도 2로 따내고 다시 흑3에는 때린 곳을 이을 수 밖에 없다.

2도 (계속)

계속해서 백4로 잇기 마련인데 이 때에 흑5가 좋은 수이다. 이 흑5는 오른쪽에 집 하나를 확보하고 백ㄱ이면 흑ㄴ, 그리고 왼쪽에 흑ㄷ으로 또 집 하나를 갖추려는 것이다.

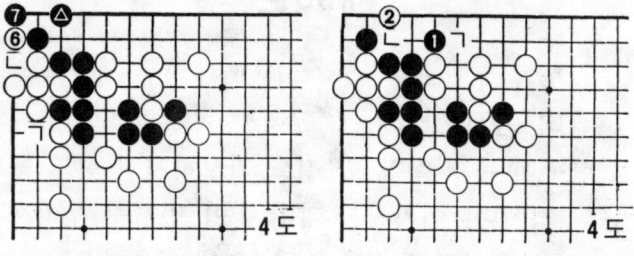

3도 (계속)

흑⊿에 백6으로 귀를 파호치면 흑7로 먹여쳐 여기서 사활을 건 패싸움이 된다. 백ㄱ, 흑ㄴ의 패로 만들려는 것이다.

4도 (실패)

여기서 2도의 흑5로 흑1에 젖혀 백ㄱ과 교환하고 나서흑2에 두면 백2로 급소에 뛰어든다. 흑ㄱ으로 나가면 백ㄴ으로 흑이 실패한 것이다.

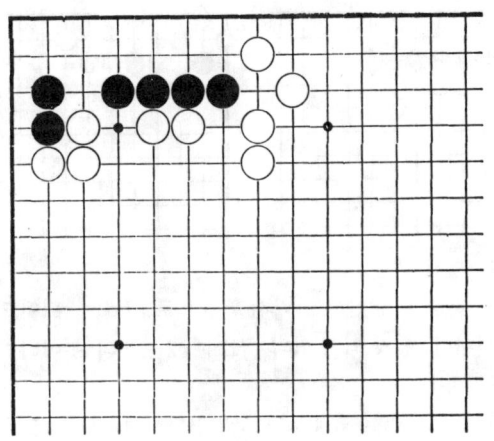

제36문

백이 먼저 둘 때

이 그림은 백이 먼저 두고, 흑을 잡는 문제이다.

귀의 흑집은 의외로 땅이 넉넉하다.

그러나 한 가지 흠은 두 점과 네 점 사이에 구멍이 있다는 점이다. 이 결점을 백은 비상하게 이용하는 것이 중요하다.

이 문제의 포인트는 급소 찾기이다. 백이 흑의 급소를 찾지 못하면 흑에 대한 공략작전은 실패로 돌아가게 된다.

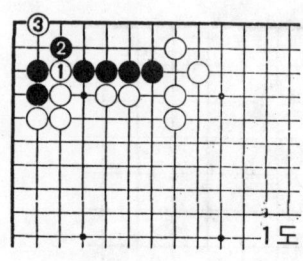 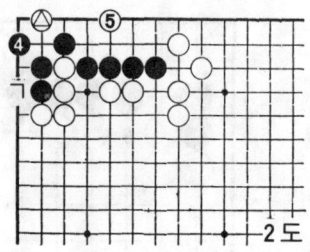

1 도 (정석)

백 1, 흑 2 를 교환하고 나서 백 3 으로 급소에 뛰어드는 것이 정석이다. 이것 역시 귀의 급소는 2·1의 곳이다.

2 도 (계속)

백△에 계속해서 흑 4 로 호구벌린다. 여기서 백 5 가 결정적인 수다. 이 5 의 수로 백ㄱ 등으로 집을 파괴하려고 덤비면 오히려 흑 5 를 허용해서 흑은 두 점을 포기하는 대신 산다.

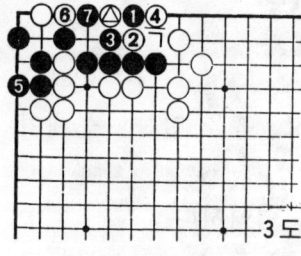 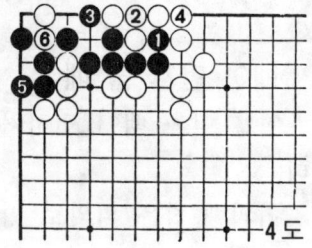

3 도 (계속)

백△에 흑 1, 3 으로 저항하는 것이 올바른 수순이며, 흑 5 로 집 하나를 만든 다음 백 6 에 흑 7 로 응수하면 패가 된다. 흑 5 할 경우 백이 ㄱ하여 잇는다 해도 역시 패가 성립한다.

4 도 (실패)

흑이 수순을 잘못해서 흑 1, 백 2 다음 흑 3 으로 먼저 단수하면 백 4. 그때 흑 5 로 두어도 백 6 으로 끊겨 흑은 전멸.

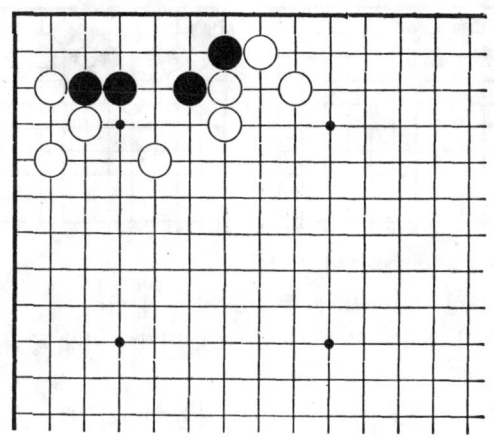

제37문

흑이 먼저 둘 때

약간 엉성해 보이는 흑쪽이지만, 그렇다고 단념할 만큼 수가 없는 것은 아니다.

패를 만들면 흑으로서는 보다 여유가 생긴다.

백으로서는 패에서 이기지 않으면 흑을 잡을 수 없다는 부담감이 생긴다.

흑은 이러한 부담감을 이용하여 활로(活路)를 찾아야 한다.

이 문제에서의 묘수는 어디인가?

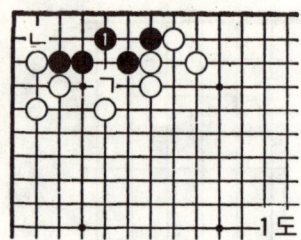

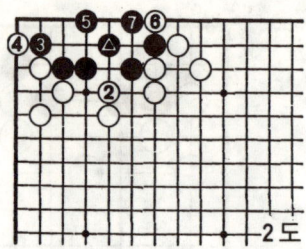

1 도 (정석) 흑 1 이 정석이다.

흑 1 대신 ㄱ이나 ㄴ에 두어도 살 수가 있다.

하지만 이 1 의 곳이 더 중요하므로 이것이 가장 좋다.

2 도 (계속)

흑▲에 백 2 로 집을 파괴하는 것은 당연하다. 여기서 흑 2 를 허용하면 어렵게 되는 것이다. 그 때 흑은 3 에서 7 까지의 진행으로 패가 된다.

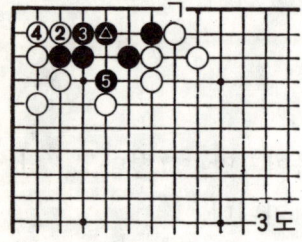

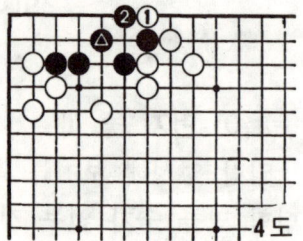

3 도 (변화)

흑▲에 백 2 는 흑 3, 5 로 붙여 이것 역시 패를 쓸 수가 있다. 백이 외부로 탈출하지 못하도록 막으면 흑ㄱ에 두어 여유있게 살아난다.

4 도 (반발)

흑●의 작전은 백 1 로 단수해올 경우 흑 2 의 패로 저항하려는 것이다.

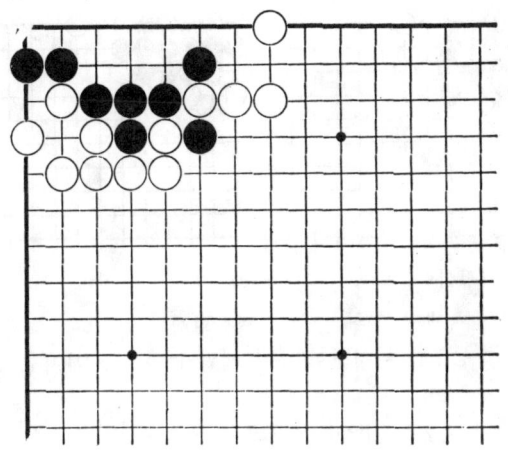

제38문

백이 먼저 둘 때

백이 먼저 두면 귀의 흑을 잡을 수 있는가?

이 문제의 주요 포인트는 바로 백선으로 귀의 흑이 두 집을 만들 수 없도록 하는데 있다.

물론 수는 있다. 그러나 결코 쉽지만은 않은 문제이다. 제 1착, 제 2착을 어떻게 하여야 할까?

여기서 백에게 필요한 것은 흑의 급소를 찾아내는 일이다. 흑의 급소가 바로 이 문제의 열쇠 역할을 하는 중요한 맥이다.

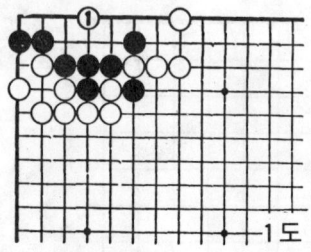
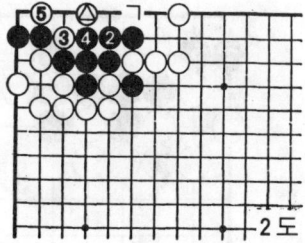

1 도 (정석)   백 1 이 정석이다.

여기서 흑에게 1 의 급소를 허용해서는 안된다.

흑은비록 궁도는 넓지만 공배가 메워진 약점을 가지고 있다.

2 도 (계속)

백△에 흑 2 로 이으면 백 3 으로 끊는다. 이하 흑 4, 백 5
하여 흑의 사활을 건 패가 된다. 여기서 흑 4 로 5 에 두면
백ㄱ으로 붙여서 흑은 무조건 죽는다.

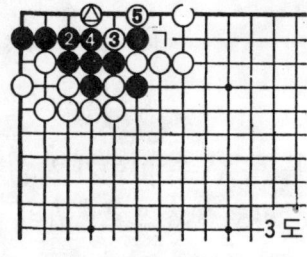
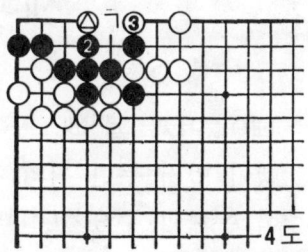

3 도 (변화)

백△에 흑 2 로 이으면 백 3 으로 끊는다. 흑 4, 백 5 여서
역시 패가 된다. 흑 4 로 5 에 두면 백ㄱ을 당해 흑의 죽음.

4 도 (변화)

백△에 흑 2 로 치받으면 백 3 으로 뛰어붙여 넘어간다. 이
것 역시 흑ㄱ으로 패가 만들어지지만, 2 · 3 도에 비해 흑에게
불리 하다.

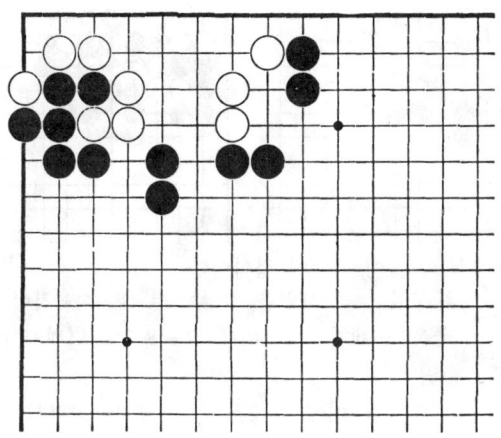

제39문

흑이 먼저 둘 때

백집은 의외로 넉넉하다. 흑으로서는 그다지 쉽게 공략할 수 있는 상대가 아니다.

흑이 외세를 이용하여 백을 공략하려면, 적어도 때를 만들어 추적하지 않으면 곤란하다.

백으로서는 패가 되면 불리하다.

그러나 흑은 어떻게 해서든지 패가 되도록 국면을 이끌어가지 않으면 안된다.

여기에 물론 수는 있다.

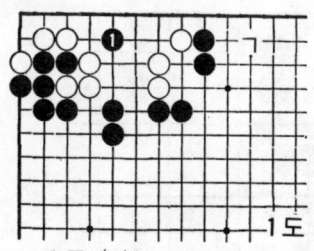
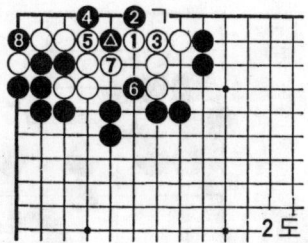

1 도 (정석) 이 흑 1이 정석이다.

이 정석의 수를 찾은 사람은 상당한 실력의 소유자라 할 수 있다. 더 좋은 문제가 되기 위해서는 흑ㄱ이 더해져야 한다.

2 도 (계속)

흑●에 백1이면 이에 흑2의 젖힘 수로 공격한다. 백3 이면 이하 흑4, 백5, 흑6, 백7, 흑8로 패가 만들어진다. 흑 2일 때 백ㄱ에 두면 다음과 같이 된다.

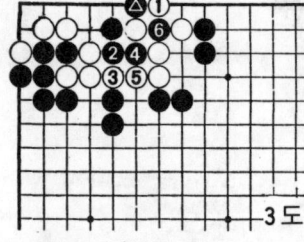
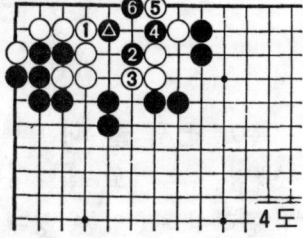

3 도 (변화)

흑●일 때 백1로 저항하면 흑2, 백3, 흑4, 백5는 외곬 수가 된다. 계속해서 흑6으로 따내 원본의 수순인 패가 된다. 단, 흑2 대신 흑4로 두는 것이 좋다.

4 도 (변화)

흑●일 때 백1로 이으면 흑2, 4로 패를 만든다. 이렇게 하면 백5로 둘수 밖에 없으므로 흑6으로 패싸움이 된다. 이 것은 흑●가 날카로운 공격이기 때문이다.

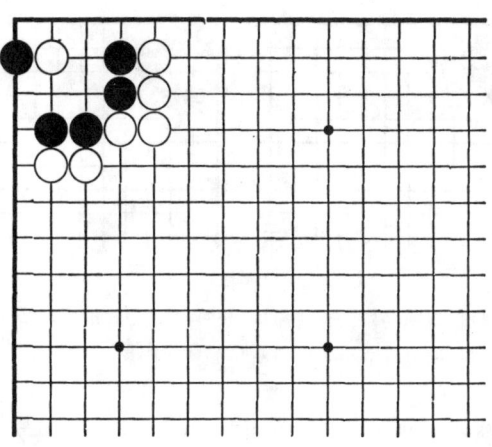

제40문

흑이 먼저 둘 때

흑의 입장에서는 참으로 막막한 모양이다.

이 문제 역시 실전에서 자주 볼 수 있는 모양이지만 일단 흑의 입장이 되고 보면 상당한 고급자라도 단념해 버리는 경우가 많다.

그러나 사실 가망성은 있다.

수를 찾으면 반드시 길은 있다.

흑의 심장부에 박혀있는 백돌 한 개를 의식하면서, 흑은 과연 어디에다 제 1 착을 할 것인가 ?

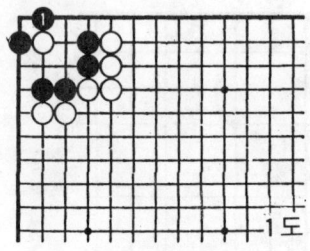 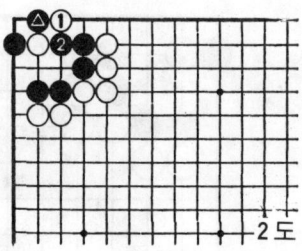

1 도 (정석)   흑 1이 정석이다.

이렇게 되어 아직 흑에게는 맥점이 있기 때문에, 귀의 전체
가 백의 땅이라고 생각 해서는 안된다.

2 도 (계속)

흑●에 대해서는 백 1로 막는 것이 올바르다. 흑 2로 패가
만들어진다. 이것 역시 귀의 특수성을 이용한 것이다. 여기서
백 1로 2에 두면 다음과 같이 된다.

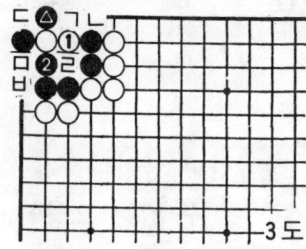 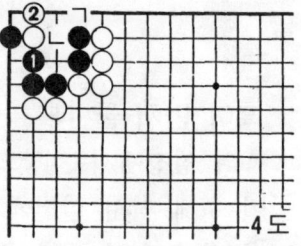

3 도 (변화)   흑●에 백 1이면 흑 2로 뻗는다.

백은 ㄱ으로 두고 이하 흑ㄴ, 백ㄷ, 흑ㄹ, 백ㅁ, 흑ㅂ이
된다. 흑이 패를 때릴 차례이므로 백은 너무나 괴롭다.

4 도 (죽음)

흑 1로 두면 다음에 백ㄱ으로 두고, 흑 2를 기다려서 백은
흑의 약점을 추궁하고 백 2에 내려서게 되어 흑은 불만이다.
흑ㄱ이면 백ㄴ이 되고 또 흑ㄴ이면 백ㄱ으로 흑은 죽는다.

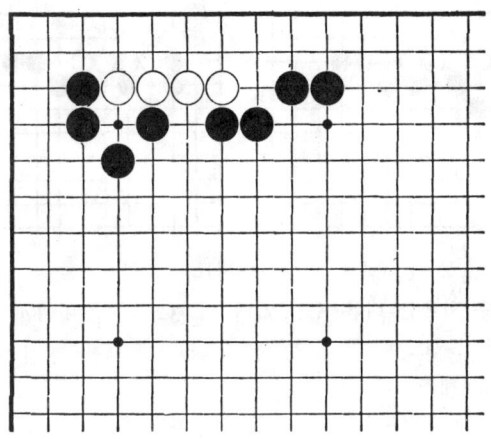

제41문

백이 먼저 둘 때

혹에게 완전히 포위 당한 백의 신세가 가련하게 보이는 형상이다.

도망갈 길도 막연하고, 집을 짓자는 그것 역시 막막하다.

여기에서 백에게 필요한 것은 기발한 책략으로 저항하는 수단이다.

완벽하게 갇혀있는 백 네점을 살릴 수 있는 묘안은 없을까?

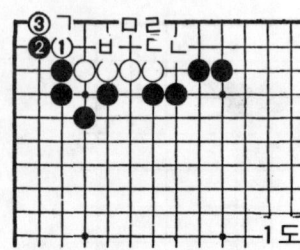

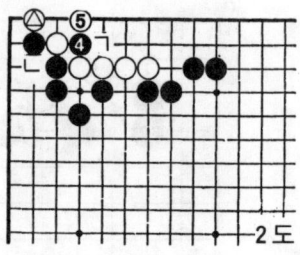

1 도 (정석) 백 1, 3 이 정석이다.

이 수 외에는 다른 수가 없다. 이 3 으로 평범하게 백ㄱ에
내려서면 흑ㄴ, 백ㄷ, 흑ㄹ, 백ㅁ, 흑ㅂ으로 백은 살지 못한다.

2 도 (계속)

백△에 대하여 즉시 흑 4 로 단수하면 백 5 로 패를 만든다.
흑ㄱ으로 진출하면 백ㄴ으로 끊어 적극적으로 저항한다.

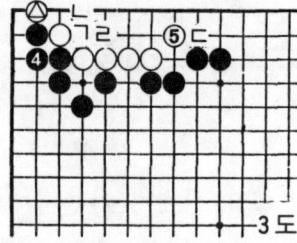

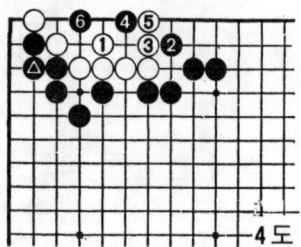

3 도 (변화)

백△에 대하여 흑 4 로 이으면 백 5 의 마늘모로 붙여둔다.
이곳에서도 역시 흑ㄱ으로 끊으면 백ㄴ으로 언제라도 패로
응수하려는 계산이다. 여기서 패가 두려운 나머지 백 5 일 때
흑ㄷ에 두면 백ㄹ로 살아난다.

4 도 (실패)

흑● (3 도의 흑 4)에 대해 백 1 로 호구벌리면 흑 2   이하
6 으로 백은 모두 죽게 된다.

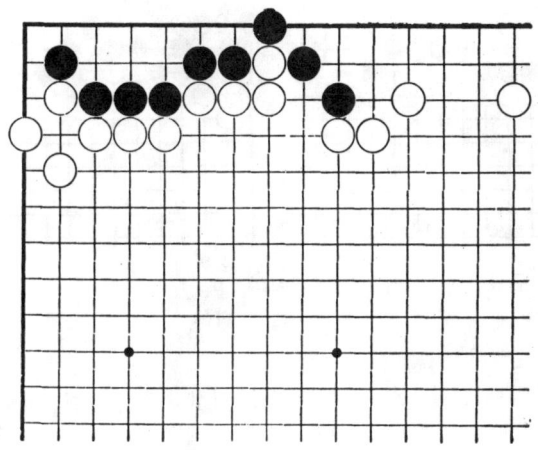

제42문

백이 먼저 둘 때

매우 아기자기한 수순(手順)이 예상되는 문제이다.

언뜻보면 흑은 틀림없이 살 수 있을 것 같은 그림이다.

특히 흑은 오른쪽에 반집을 이미 확보하고 있다.

그러나 흑을 에워싼 백쪽도 만만치는 않다. 특히 왼쪽을 두텁게 형성하고 있는 백의 울타리는 철벽에 가깝다.

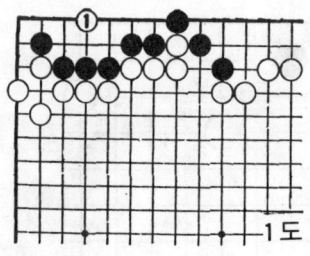

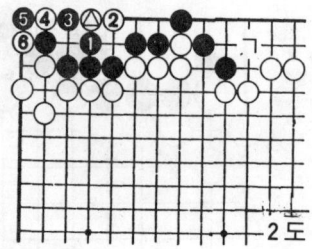

1 도 (정석) 백 1이 정석이다.

이렇게 되어 흑은 약간 어렵게 된다.

2 도 (계속)

백△에는 흑 1로 강력하게 응수하지만 백 2로 날카로운 공격을 받는다. 흑 3이면 백 4, 6으로 계속 응수해 패싸움으로 유도한다. 흑ㄱ으로 둘 여유를 갖지 못한다.

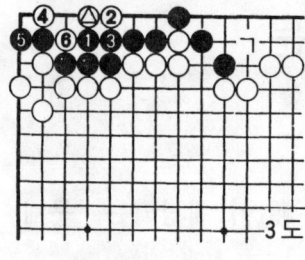

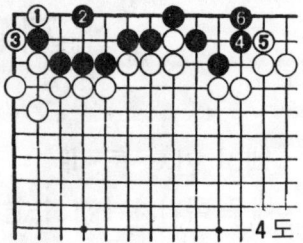

3 도 (변화)

백△일 때 흑 1이면 백 2로 뻗는다. 흑 3으로 이을 경우 백 4, 흑 5, 백 6으로 먹여쳐 역시 큰 패가 만들어진다. 여기서도 흑은 ㄱ으로 두지 못한다.

4 도 (실패)

백 1로 붙여 두어서는 안된다. 흑 2에 대하여 백 3으로 넘어가지 않을 수 없으므로 흑은 4, 6으로 집을 만들어서 산다.

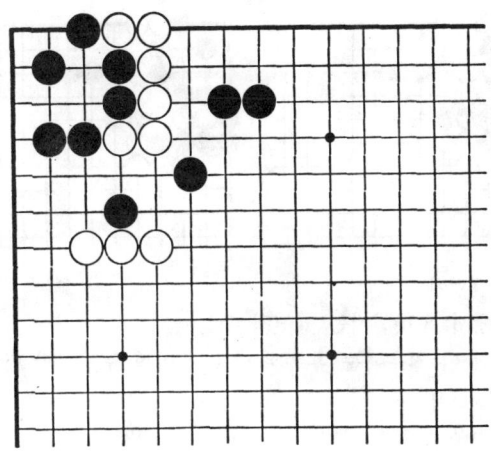

제43문

백이 먼저 둘 때

이 문제는 흑에게 포위된 백 여섯 점을 어떻게 하면 무사히 탈출시킬 수 있는가 하는 점이다.

여기에서 가장 중요한 것은 제1착이다. 제1착을 어떻게 두느냐에 따라서 국면의 양상이 달라진다.

이 문제는 그다지 어렵지 않으므로 초급 이하의 독자라 하더라도 충분히 풀 수 있을 것이다. 가볍게 수계산을 하여 보자.

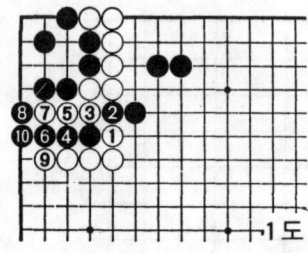 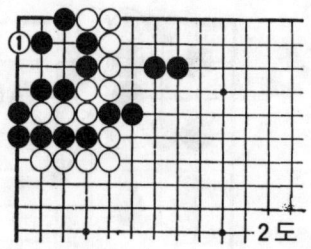

1도 (필연)

백 1에서 흑10까지는 필연적이다.

따라서 이 경우에는 후속 수단을 준비해 두어야만 한다.

2도 (정석)

이 경우 백 1로 붙여두는 것이 정석이다.

이것은 흑을 자충으로 몰아서 잡기 위한 것이다.

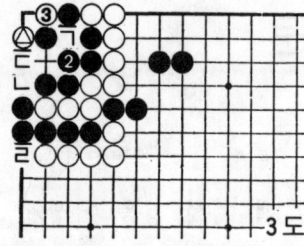 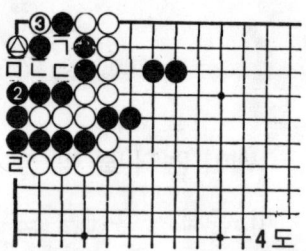

3도 (계속)

백⊘에 대해 흑 2로 이어서 매우 강력하게 저항하는데 백 3으로 먹여쳐서 패가 된다. 흑이 ㄱ으로 패를 이으면 백ㄴ, 흑ㄷ, 백ㄹ이 되거나, 아니면 백ㄹ, 흑ㄴ, 백ㄷ이 된다.

4도 (변화)

백⊘에 흑 2로 이으면 이것 역시 백 3으로 응수해 패가 된다. 다음 흑ㄱ, 백ㄴ, 흑ㄷ, 백ㄹ이 된다. 또한 처음에 백⊘에 대해 흑ㅁ으로 받으면 백ㄷ, 흑ㄱ, 백ㄹ이 된다.

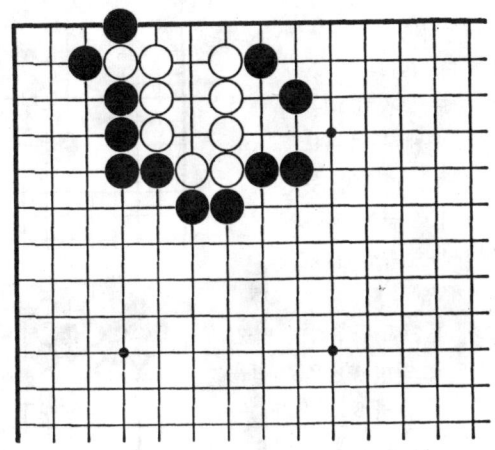

제44문

백이 먼저 둘 때

이 그림은 쉬운 것 같이 보이면서도 사실은 어려운 문제이다. 이러한 양상이 펼쳐지면 대부분의 사람들은 백이 죽을 것으로 생각하고 포기해 버리는 경우가 많다.

그러나 사실 묘안은 있다. 언뜻 보면 죽을 것같지만 실은 죽음의 늪으로부터 빠져나갈 맥수가 있는 것이다.

1 도 (정석)

백 1이 정석이다.

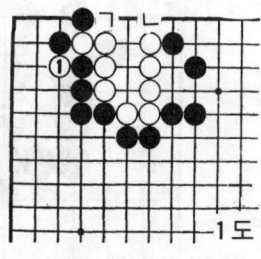

백은 궁도가 좁기 때문에 백ㄱ 으로 정직하게 두면 흑ㄴ을 허 용해 두집을 만들지 못한다. 그래서 백 1로 끊어 하나의 계기 를 마련하려는 속셈이다.

2 도 (계속)

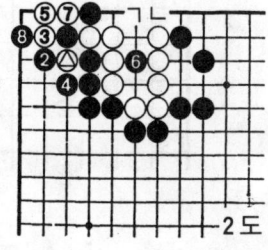

백△에 흑 2로 단수하면 백 3, 흑 4, 백 5, 그러면 흑 6으로 집을 파괴하고 백 7, 흑 8로 패가 된 다. 이 6으로 8에 두면 백 6, 흑ㄱ, 백ㄴ으로 살아난다.

3 도 (실패)

흑▲(2 도의 흑 2)로 단수했을 경우 백 3으로 나오면 흑 4 로 이어버려 백의 실패로 끝난다. 또 흑▲의 수로 흑 3에 두 면 백▲, 흑 4일 때 백ㄱ에 두어 역시 살아난다.

4 도 (참고)

이 문제는 「발양론」에 나와 있는 것과 유사하여서 참고 로 다루었다. 여기서는 흑이 두점으로 키워서 버리고 가 볍게 살아난다

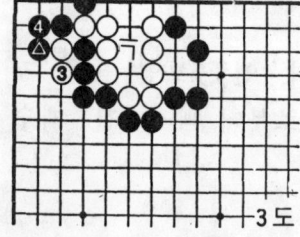

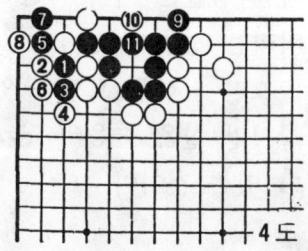

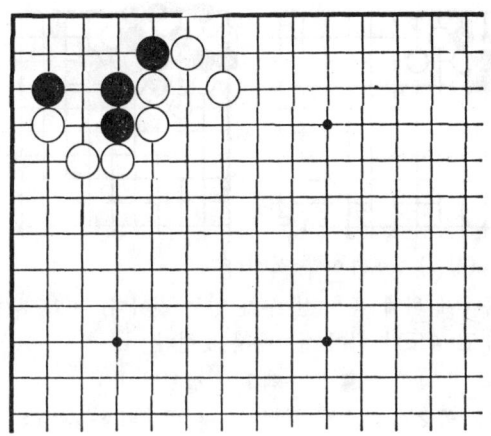

제45문

흑이 먼저 둘 때

언뜻 보면 흑은 매우 엉성해 보인다.

살기가 힘들 것 같은 모양이다. 물론 쉽게 살 수는 없는 문제이다.

사활(死活)의 급소를 찾지 못하면 흑은 죽게된다.

과연 흑이 살아날 수 있는 급소는 어디인가?

수를 찾아 보자.

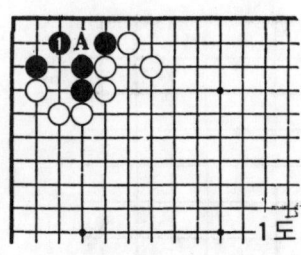 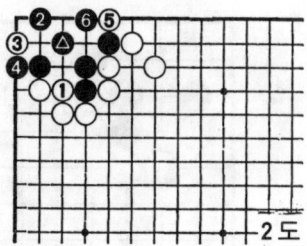

1 도 (정석) 흑 1 이 정석이다.

이 흑 1 에 의해 흑은 살 수가 있는 것이다. 만약 흑 1 대신 ㄱ에 두면 4 도가 되어 살아나지 못한다.

2 도 (계속) 흑●에는 백 1 이 필연적이다.

그 때 흑 2 가 계속해서 멋진 수이다. 백 3, 흑 4 는 당연한 것이고 백 5 하면 흑 6 의 패로 저항한다.

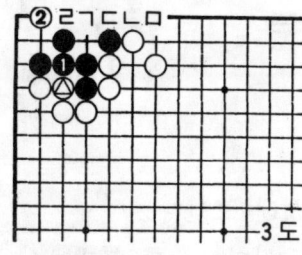 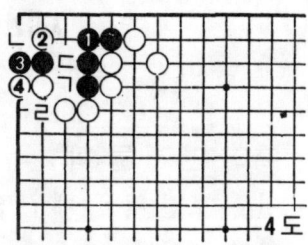

3 도 (실패)

백△(2 도의 백 1)일 때 흑 1 로 받아 서는 백 2 로 급소에 뛰어들어 곤란하게 된다. 흑ㄱ이면 백ㄴ, 흑ㄷ이면 백ㄹ이 된다. 그렇다고 여기서 흑ㄴ, 백ㅁ, 흑ㄱ은 불만이다.

4 도 (실패)

먼저 흑 1 로 이으면 백 2 의 양붙임수를 당해 곤란해진다. 흑 3 에는 백 4 로 두어 이하 흑ㄱ에 두어도 백ㄴ으로 단수, 흑ㄷ, 백ㄹ이 되어 흑은 끝장이다.

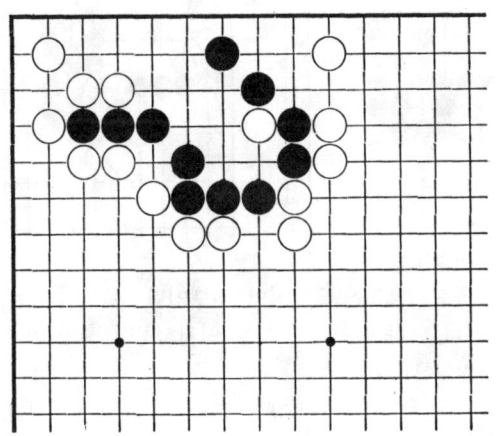

제46문

백이 먼저 둘 때

이 그림은 백이 먼저 둘 경우, 과연 흑을 잡을 수 있는가 하는 점이 문제이다.

그다지 쉬운 문제는 아니다. 그렇다고 해서 그렇게 어려운 문제도 또한 아니다. 수 읽기의 힘을 이용하여 수를 찾는다면 충분히 흑을 잡을 수 있는 묘책을 발견할 수 있을 것이다.

여기에서는 제 1 착과 제 2 착이 무엇보다 중요하다. 그리고 제 5 착까지는 필연적인 수이다.

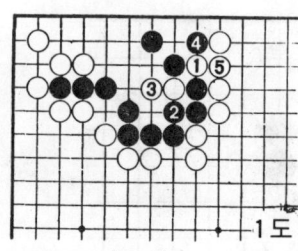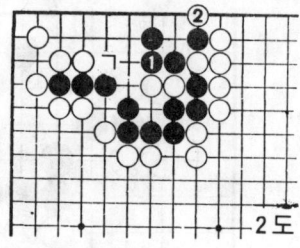

1 도 (외곬수)

백 1, 흑 2, 백 3은 필연적인 진행이다. 여기서 흑 4, 백 5도 당연하다. 따라서 이 문제는 여기서부터 출발해야 한다.

2 도 (발양론)

흑 1까지 이루어진 문제가 발양론에 수록되어 있다. 당연히 백 2로 젖혀두는데 이 다음의 진행이 무척 까다롭다. 또이 흑 1로 ㄱ에 두면 4 도가 된다.

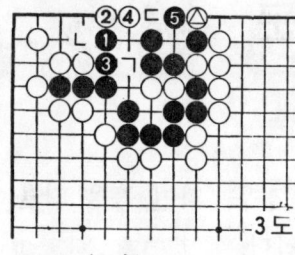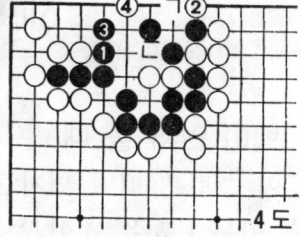

3 도 (묘수)

흑 1일 때 백이 잠자코 2의 곳에 붙여두는 것이 묘한 공격이다. 흑 3, 백 4, 흑 5로 패가 된다. 백 2대신 백 3에 두면 흑ㄱ, 백 2, 흑ㄴ, 백ㄷ, 흑 4하여 살아난다.

4 도 (변화)

흑 1에는 백 2, 흑 3에 두면 백 4가 된다. 따라서 흑 3으로는 흑ㄱ에 두어 패로 만드는 것이 좋고 앞의 흑 1로는 2도에서처럼 흑ㄴ에 두는 것이 더 낫다.

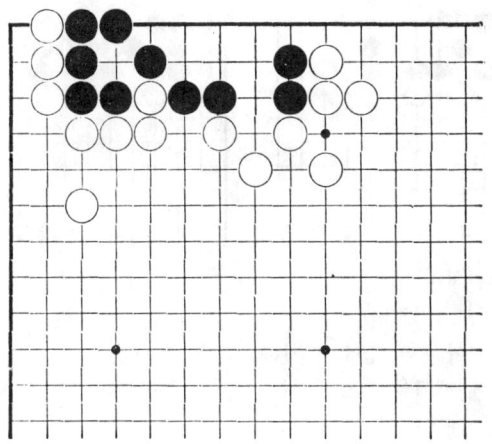

제47문

백이 먼저 둘 때

상당히 어려운 문제이다. 흑은 이미 한 집 반을 확보하고 있다. 이러한 상황에서 흑을 어떻게 궤멸시키느냐 하는 것이 이 문제의 중요한 안건이다.

백이 먼저 둔다고는 하지만, 역시 어려운 문제이다.

여기에서는 흑의 약점을 찔러 공략하는 것이 중요하다.

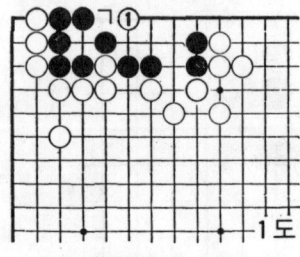

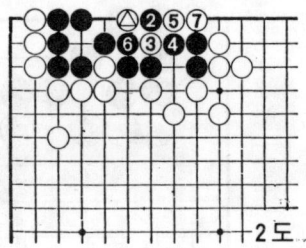

1도 (정석)

백1이 정석이다.

이 백이 흑의 급소가 된다.

다음에 백ㄱ을 허용해서는 흑이 아프다.

2도 (계속)

백△에 대해 흑2로 저항하면 백3. 5가 된다. 흑역시 자충이 되므로 흑4로는 흑5의 곳에 둘 수가 없다. 흑4, 6에는 백7로 넘어가 패가 만들어진다.

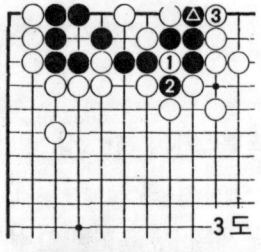

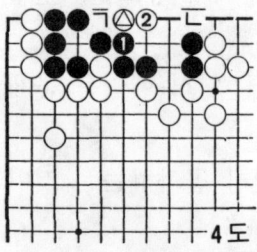

3도 (변화)

흑△일 때 백1로 먹여치고, 흑2일 때 백3이 원본에서의 정석이다. 흑은 한 수밖에 없으므로 패를 때려서 반발하겠지만, 만약 백의 팻감이 많이 있을경우, 흑은 매우 어렵게 된다.

4도 (변화)

백△일 때 온건하게 흑1로 이으면 백2로 뻗어 흑은 모두 죽게 된다. 이렇게 되면 백은 ㄱ의 단수와 ㄴ의 넘는 수를 맞보게 되는 것이다.

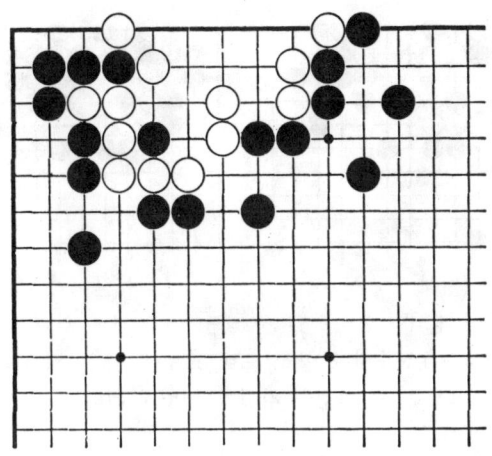

제48문

흑이 먼저 둘 때

거대한 백을 어떻게 무너뜨리느냐 하는 것이 이 문제의 주요 안건이다.

과연 흑선으로 백을 무너뜨릴 수 있을까?

언뜻 보면 거대한 백을 공략하기가 매우 어려운 것 같지만, 사실 그렇지만은 않다. 자세히 살펴보면 백은 엉성하기 이를데 없다. 이 약점을 이용하는 것이 이 문제를 풀 수 있는 열쇠이다.

자, 과연 수는 어디에 있는가?

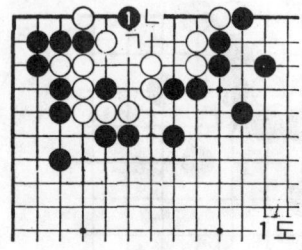
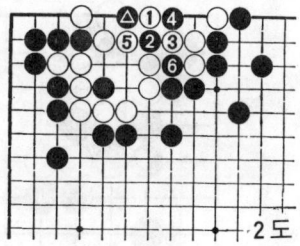

1 도 (정석)

흑1이 정석이다.

처음의 수가 묘수라고 할 정도로 교묘한 수다. 백ㄱ에 두어도 흑ㄴ으로는 이 한점을 잡기가 어렵게 된다.

2 도 (계속)

흑▲에는 백1, 3으로 강력하게 반발하는데 흑은 2, 4 다음 6으로 끊어 사활을 건 패싸움이 된다.

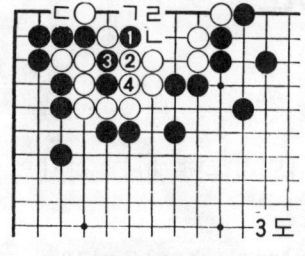
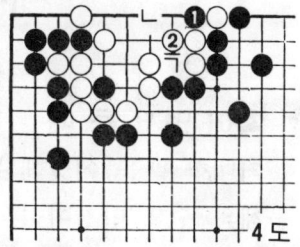

3 도 (실패)

흑1의 붙임수를 많이 생각하겠지만, 이때 백2, 흑3, 백4까지로 흑의 실패. 흑3으로 다시 먹여쳐도 백이 때려내고 흑ㄱ, 백ㄴ, 흑ㄷ, 백ㄹ이 된다.

4 도 (실패)

흑1로 평범하게 때리면 백2로 뻗어서 좋다. 흑ㄱ에 두면 백ㄴ이 된다.

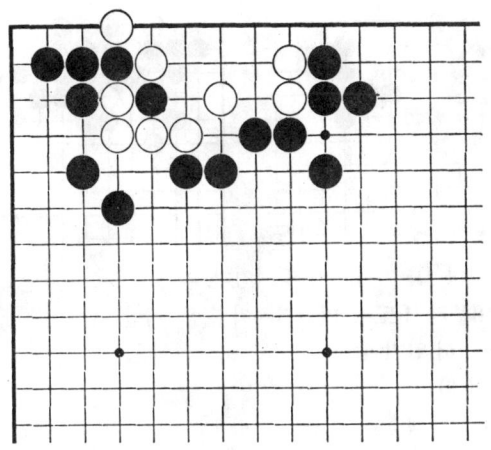

제49문

흑이 먼저 둘 때

이 문제는 앞의 제48문의 문제와 비슷한 문제이다.

흑이 먼저 두어서 백을 공략할 수 있는 묘책을 찾는 것이 이 문제의 주요 포인트이다.

어떻게 하면 백을 잡을 수 있을까?

앞의 제48문의 문제를 응용하면 쉽게 해결의 실마리를 찾을 수 있을 것이다.

차분한 마음가짐으로 수를 찾아 보자.

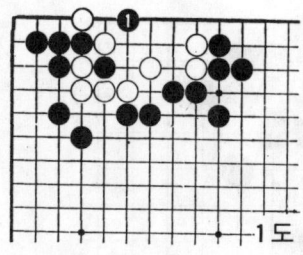 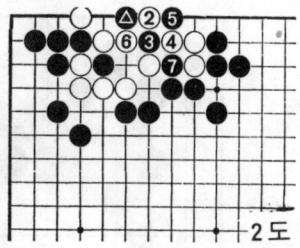

1 도 (정석)   흑 1 이 정석이다.

제48문의 1 도와 마찬가지이다. 하지만 이 그림이 궁도가 좁은만큼 더 알기 쉽다.

2 도 (패)

흑▲에는 백 2 로 저항할 수밖에 없으며 흑 3, 백 4, 흑 5, 백 6 일 때 흑 7 로 끊어 백 전체의 사활을 건 패싸움이 된다.

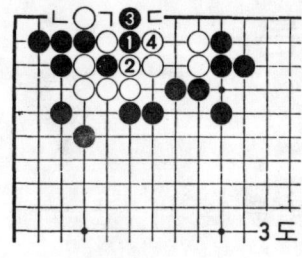 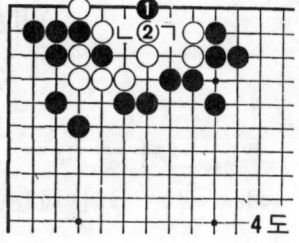

3 도 (실패)

자기 멋대로 읽어서 흑 1, 3 에 두면 백은 ㄱ으로 잇지 않고 백 4 로 두기 때문에 흑ㄴ, 백ㄷ이 되어 이것은 오히려 불완전한 모양의 백에게 삶을 준 것이다.

4 도 (실패)   흑 1 도 역시 실패가 된다.

백이 ㄱ으로 구부린다면 흑ㄴ이지만, 백에게는 2 로 치받는 변화가 있어서 역시 백에게 삶을 준 결과가 된다.

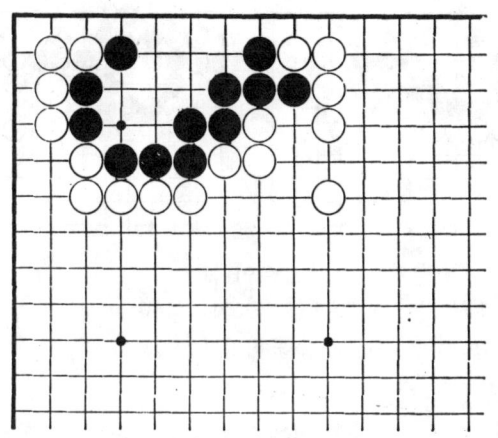

제50문

백이 먼저 둘 때

백이 먼저 둘 경우에 과연 흑을 잡는 일이 가능할까?

현재 흑은 두 집을 확보할 만한 필요충분 조건을 갖추고 있다. 따라서 백은 보다 효과적으로 흑을 공격하지 않으면 안된다.

여기에서는 백이 흑을 전체적인 측면에서 한꺼번에 공략할 수 있는 전격 대작전이 필요하다.

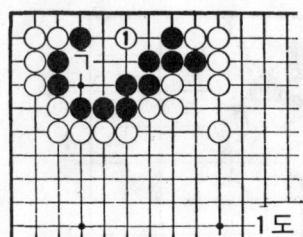 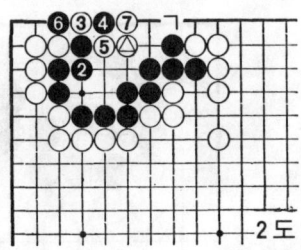

1도 (정석) 백1이 정석이다.

백 1의 곳이 흑 전체의 급소가 된다. 먼저 흑 두 점을 ㄱ등으로 두면 흑은 두점을 버리고 살게 된다.

2도 (계속)

백⊗에 흑2의 곳을 이으면 백3으로 젖혀두고 흑4, 백5, 흑6일 때 백7로 막아 ㄱ의 넘는 수와 3의 패 때리는 수를 맞보게 된다.

3도 (변화)

백⊗일 때 흑2로 반발하면, 백은 3으로 젖혀둔다. 여기서 흑 ㄱ에 두면 백ㄴ이 되고, 또 흑ㄱ 대신 ㄴ에 두면 백ㄱ, 흑ㄷ, 백 ㄹ로 넘어가 흑은 모두 죽는다.

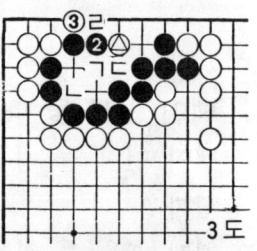

4도 (패)

3도의 백3대신 이렇게 백3으로 흑 두점을 끊는 것이 원본에서의 수순인데, 그러면 흑은 4로 젖혀두고, 백5, 흑6으로 반발한다. 백은 7로 빵때려 이하 흑ㄱ으로 패가 만들어진다.

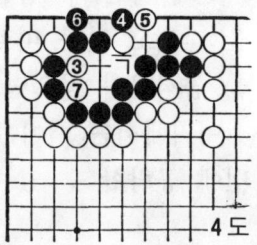

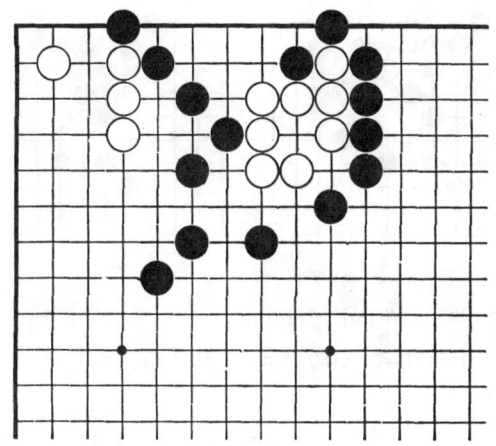

제51문

백이 먼저 둘 때

혹으로 둘러싸인 백 8점을 살릴 수 있는 길은?

흑의 급소를 이용하여서 수를 찾는 길이 현명한 방법이다.

'내가 사는 길이 곧 상대방을 부수는 길이요, 상대방을 공략하는 길이 곧 내가 사는 길이다'라는 바둑의 격언은 그대로 여기에도 적용되는 말이다.

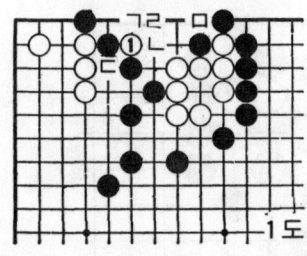 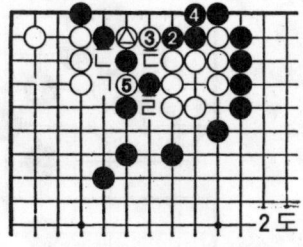

1 도 (원본의 정석)

원본에서는 백 1이 정석이다.

흑ㄱ이면 백ㄴ, 흑ㄷ, 백ㄹ, 이고 흑ㅁ, 백이 패 때린다.

2 도 (계속)

백△에 흑 2, 4 하면 백 5로 먹여치는 것이 원본에서의 계속되는 정석 수순이다. 이 다음 흑ㄱ이면 백ㄴ이고, 흑ㄷ은 백ㄹ이므로 백은 살 수 있다. 하지만 원작자는 백△에 흑 4를 보지 못한 것 같다.

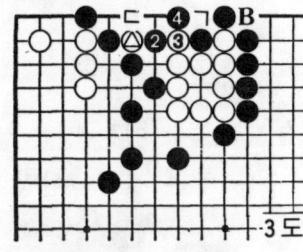 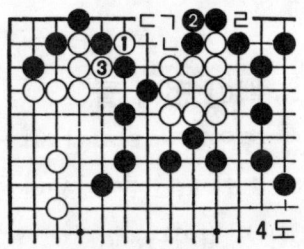

3 도 (변화)

백△일 때 흑 2 이면 백 3, 흑 4 로 패가 된다. 이 4 로의 곳을 이으면 백 4, 흑ㄴ, 백ㄷ이다.

4 도 (현현기경)

백 1 이면 흑 2 로 백 아홉점이 죽는다. 이 백을 살리려면 백 2, 흑ㄱ, 백ㄴ, 흑 2, 백ㄷ, 흑ㄹ, 백 1 의 패가 정석이다.

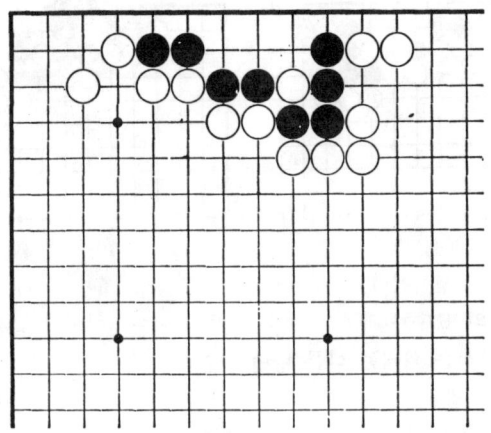

제52문

백이 먼저 둘 때

이 그림은 상당히 어려운 문제이다.

한 눈에 흑이 충분히 살수 있을 것 같은 느낌이
드는 문제이다.

그러나 백선으로 흑의 급소를 찌른다면 충분히 흑
을 무찌를 수 있는 여백이 있는 곳이다.

자, 그렇다면 어디서부터 어떻게 두어야 할까?

적절한 묘수를 찾아보자.

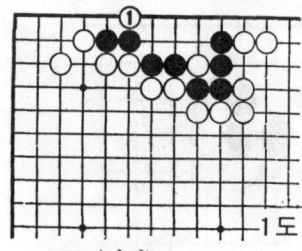

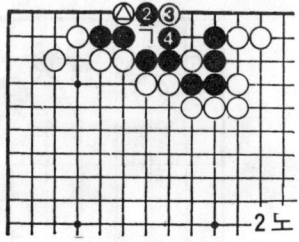

1도 (정석)

백1이 정석이다.

백1의 묘수가 흑을 자충수로 유인하는 것이어서 흑은 패로 반발하는 외에는 다른 방법이 없다.

2도 (계속)

백⊖에 대해 흑2로 응할 수 밖에 없으며 백3, 흑4를 교환하고 나서 백ㄱ으로 패를 때린다.   흑2로 ㄱ의 곳을 이으면 다음과 같이 된다.

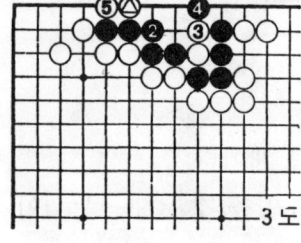

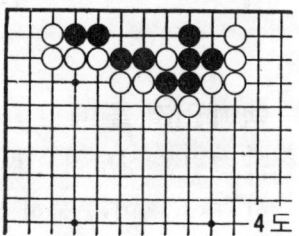

3도 (죽음)

백⊖에 흑2로 이으면 백3이 모든 흑을 잡을 수 있는 묘수이다. 흑4에 백5하면 흑은 그대로 죽는다.

4도 (현현기경)

현현기경에 수록되어 있는 문제로 다만 그 차이는 외부의 돌이 약간 달라져 있다는 점이다. 매우 흥미있는 문제로 「사활문제」를 다룬 책에는 거의 출제되고 있다.

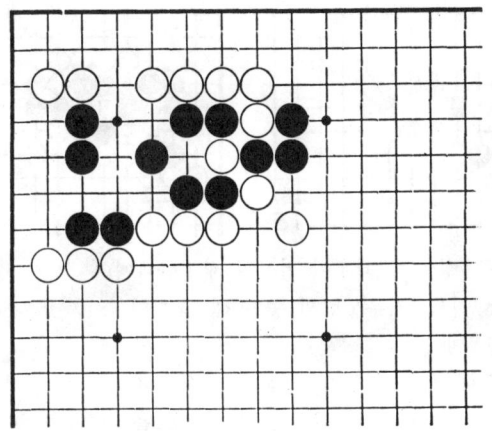

제53문

백이 먼저 둘 때

이 모양은 백선(白先)으로 흑을 끊어서 공략할 수 있느냐 하는 것이 문제의 키포인트가 되고 있다.

이러한 문제는 실전에서도 자주 이용되므로 철저하게 익혀 두기 바란다.

백은 먼저 흑의 약점을 찾아 공격하는 것이 중요하다.

자, 제 일착은? 급소를 찾아 보자.

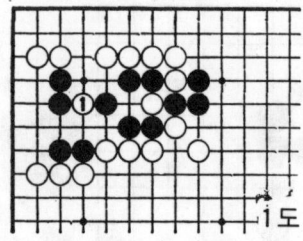 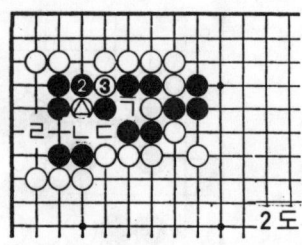

1 도 (정석). 백 1이 정석의 제 1 단계이다.

이것 역시 '좌우동형의 중앙'에 속한다.

2 도 (계속)

백△에 흑 2로 두면, 그때 백 3으로 단수하는 것이 정석의 제 2 단계이다. 이 다음 흑ㄱ과 백ㄴ을 교환하여 백은 흑을 끊는데 있어 성공하게 된다. 흑ㄱ대신 흑ㄴ에 두어도 백ㄱ, 흑ㄷ, 백ㄹ로 흑은 모두 죽는다.

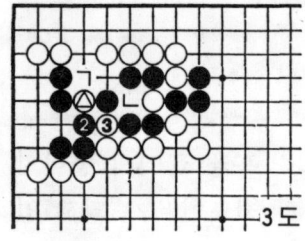 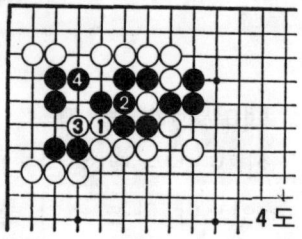

3 도 (변화)

백△에 대해 흑 2로 단수하면 백 3으로 흑 두점을 단수한다. 이것도 흑ㄱ이면 백ㄴ, 또 흑ㄴ이면 백ㄱ으로 왼쪽의 흑은 살아나지 못한다.

4 도 (나쁨)

정석의 수순을 올바르게 알지 못하고 이처럼 백 1, 3에 두는 것은 '속수'일 뿐만 아니라 적을 도와주는 결과가 된다.

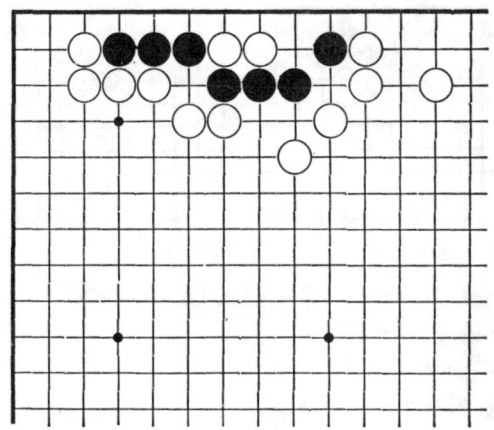

제54문

흑이 먼저 둘 때

현재 흑은 복부에 박혀있는 백돌 두 점에 대해 상당한 부담감을 느끼지 않을 수 없다.

이 문제의 주요 안건은 흑선으로 백의 포위망 안에서 살 수 있느냐 하는 것이다.

흑은 무엇보다도 집을 확보하는 맥을 이용하여 두 눈을 확보하지 않으면 안된다.

수읽기의 힘을 이용하여 수를 찾아보자.

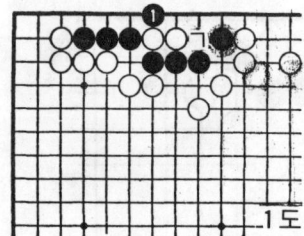

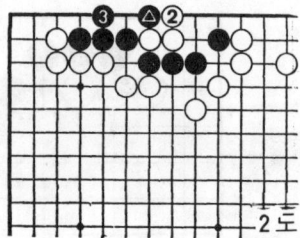

1 도 (원본) 원본에서는 흑 1 이 정석이다.

백에서 ㄱ으로 넘는 수가 있으므로 흑은 넘지 못하도록 방어해야만 한다.

2 도 (계속)

흑▲로 백 2 에 두면 흑 3 의 패로 반발한다. 이 흑은 아직 정비되지 않은 모양이어서 패가 되면 다행이라고 생각할 수도 있겠는데, 그것은 잘못 판단한 것이다.

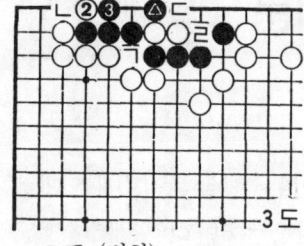

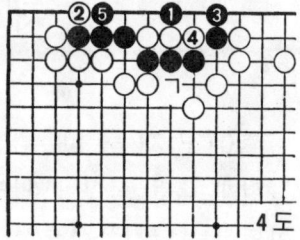

3 도 (변화)

흑▲일 때 백 2 로 젖혀오면 흑은 이것 역시 3 으로 응수해서 패로 승패를 다투자는 것이다. 백ㄱ, 흑ㄴ, 백ㄷ, 흑ㄹ, 이 된다. 하지만 패가 되어서는 안된다.

4 도 (실패)

흑 1 의 붙임수가 묘수여서 백 2 로 젖혀두는 수가 있지만, 이하 흑 3, 백 4, 흑 5 로 무조건 산다. 패로 만들기 위해서는 ㄱ의 곳에 흑이 있어야 한다.

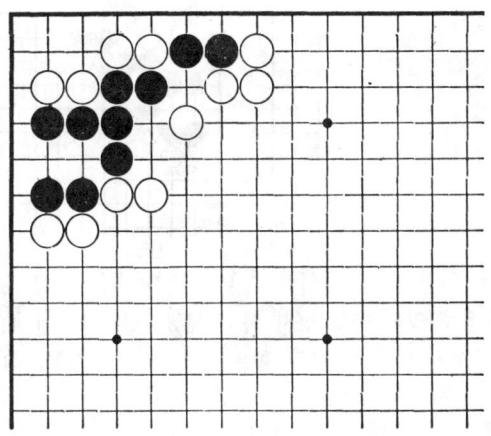

제55문

흑이 먼저 둘 때

이 그림은 상당히 재미있는 문제이다. 안에 갇힌 흑도 백도 서로가 공격을 받는 입장에 처해 있기 때문이다.

백은 백대로 사이에 끼어 있는 흑에 대해서 총공격을 개시할 것이 틀림없으며, 흑은 흑대로 귀의 백을 공략하지 않으면 스스로가 섬멸당하고 만다.

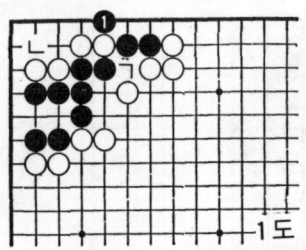

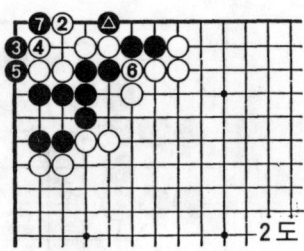

1 도 (정석)   여기서는 흑 1 이 정석이다.

흑ㄱ으로 잇는 수를 먼저 하고 싶겠지만, 그러면 백ㄴ으로 백은 완전히 산다 여기서 흑은 죽게 되므로 흑 1 뿐이 없다.

2 도 (패)

흑⬤에 대해 백 2 하면 흑 3 으로 계속 공격한다. 백 4, 흑 5, 백 6 일 때 흑 7 로 먹여쳐 패가 만들어진다. 백 4 의 수로 6 의 곳을 끊으면 다음과 같이 된다.

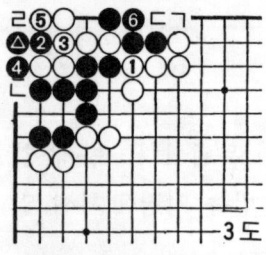

3 도 (후절수)

흑⬤(2 도의 흑 3)에 대해 백 1 로 끊으면 흑 2, 백 3, 흑 4 여서 백 5 하면 흑 6 이 절묘한 수이다. 이 다음 백ㄱ, 흑ㄴ, 백ㄷ의 흑ㄹ의 단수로 몰면 백은 흑 6 이하의 넉점을 잡을 수 밖에 없고, 그 때려낸 자리를 흑은 다시 끊어 '후절수'로 살아난다.

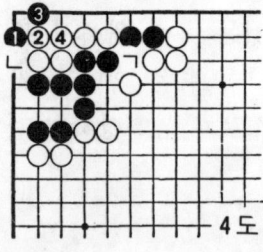

4 도 (나쁨)

흑 1 에 두면 어떻게 될까? 백 2, 흑 3, 백 4 로 나쁘다. 흑ㄱ에 두어도 백ㄴ이다. 또 흑 3 으로 ㄴ에 두면 흑ㄱ이다.

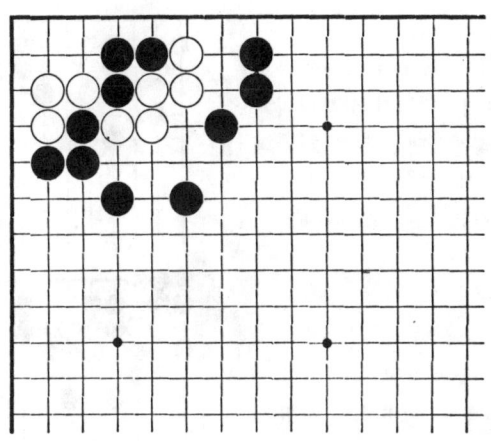

제56문

흑이 먼저 둘 때

흑이 먼저 둘 경우, 과연 귀의 백을 공략할 수가 있을까?

언뜻 보기엔 백이 흑 3점을 잡고 귀에서 살아 버릴 것처럼 보인다. 그러나 수읽기의 힘을 이용하여 자세히 살펴보면 백 쪽에도 헛점이 있다는 것을 알 수 있을 것이다. 흑은 바로 이 헛점을 이용하여 백을 공략하지 않으면 안된다.

1 도 (정석)

여기선 흑 1 이 정석이다.

공배가 메워진 삼각형의 급소는 이렇게 대칭 선상(對稱線上)에 있는데 이곳이 또한 귀의 2·1이라는 급소에 속한다.

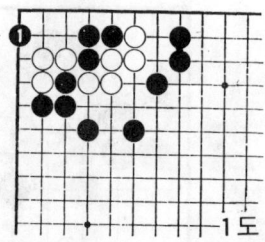

1 도

2 도 (계속)

흑●에 백 2 로 응수하면, 흑 3, 백 4, 흑 5, 백 6 으로 사활을 건 패가 되어 버린다. 백 역시 패로 만들지 않을 수 없다.

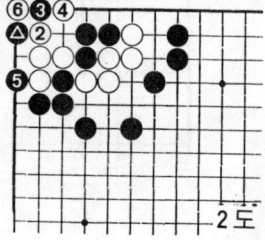

2 도

3 도 (죽음)

흑●일 때 백 2 같은 소극적인 응수로는 흑 3 의 젖힘수를 허용해 모두 끝장이다.

4 도 (실패)

급소를 알지 못하고 흑 1 로 젖혀서 하는 것은 백 2 의 급소를 당해 백이 살아버리므로 흑의 실패로 끝난다.

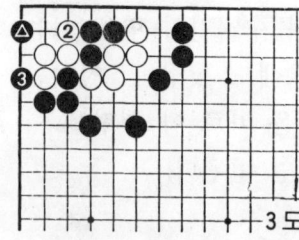

3 도

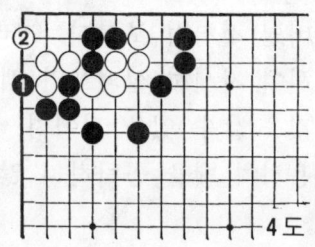

4 도

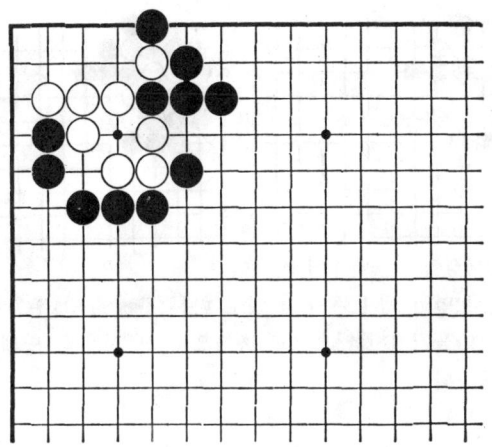

제57문

백이 먼저 둘 때

상당히 어려운 문제이다.

백은 아래쪽에 이미 반집을 확보해 놓고 있지만, 삶을 가져다주는 눈으로서는 아직 확보되지 못하고 있다.

제1착(第一着)이 무엇보다 중요하다. 이 문제에서 백의 제1착은 사활(死活)이 걸린 착수이다.

어디다가 제1착을 하여야만 백이 살 수가 있을까?

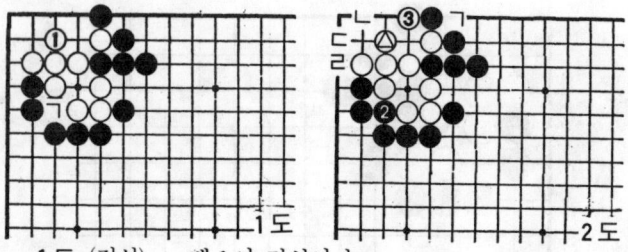

1 도 (정석)   백 1 이 정석이다.

여기서 만약 백 1 로 두지 않고 다른 곳에 두면 후수로 한 집밖에 만들어지지 않으므로, 흑 ㄱ으로 집을 파괴 당해 백은 모두 죽는다.

2 도 (패)

백⊛에 흑 2 하면 백 3 의 패로 저항한다. 여기서 이 패의 성립여부에 사활(死活)이 달려 있다. 흑이 패를 양보하여 ㄱ 으로 이으면 백ㄴ, 흑ㄷ, 백ㄹ로 역시 패가 성립한다.

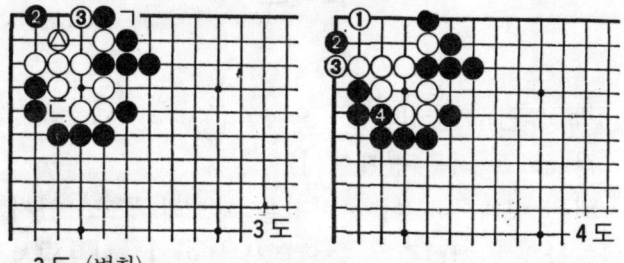

3 도 (변화)

백⊛에 대해 흑 2 로 둘 수도 있다. 역시 백 3 의 패로 저항한다. 그리고 ㄱ으로 빵 때릴 것이냐, ㄴ으로 집 하나를 만들 것이냐에 사활을 건 패싸움이 벌어진다.

4 도 (나쁨)

백 1 로 두는 것은 나쁘다. 흑 2 에 대해 백 3 으로 두면 백은 후수로 한 집만이 만들어져, 흑 4 로 모두 죽게 된다.

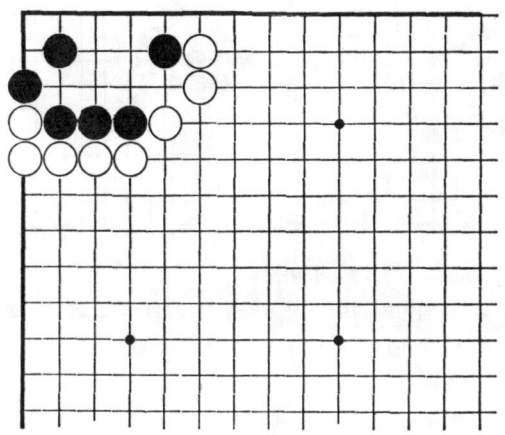

제58문

백이 먼저 둘 때

귀의 흑은 두 집을 확보할 만한 필요 충분 조건을 모두 갖추고 있다. 그런데 여기에서 백선으로 흑을 궤멸시킨다는 것이 가능할까?

백으로서는 무엇보다도 흑의 급소를 찾아서 효과적인 공격을 시도해야 한다.

여기에서도 수순이 문제이다. 특히 백의 제 일착이 문제이다.

자, 어떻게 두어야 할까? 수를 찾아보자.

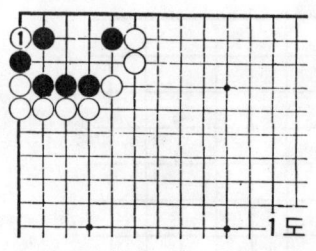

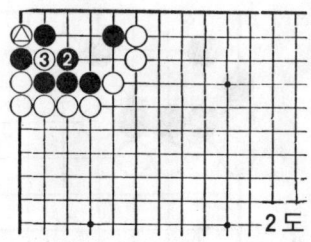

1 도 (정석) 백 1 이 올바르다.

아주 묘한 먹여치기이지만, 3 도의 결과를 보면 이 백 1의 위력을 잘 알수 있을 것이다.

2 도 (계속)

백△에 흑 2 로 응수하고 백 3 으로 때리면 사활을 건 패이다. 침착하게 흑 2 로 응수해 패로 유인한다. 흑 2 로 달아나지 않고 백△를 빵때리면 어떻게 될까?

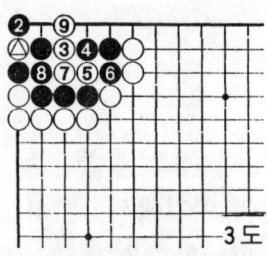

3 도 (죽음)

백△에 대해 흑 2 로 빵때리면, 백 3 으로 급소에 뛰어든다. 흑 4 이하 8 까지 저항을 해도 백 9 의 곳에 내려서면 흑은 자충이 되어 백을 단수로 치지 못하고 그대로 죽고 만다.

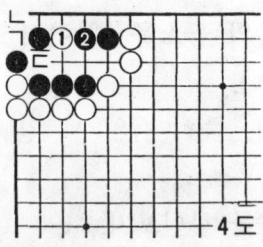

4 도 (불안)

백 1의 곳도 급소인 것은 분명하지만 아직 완벽하지가 못해서 흑 2 로 응수당하면 다음의 수가 없다. 백ㄱ에 두어도 흑ㄴ으로 응수하지 않고 흑ㄷ으로 이어 버린다.

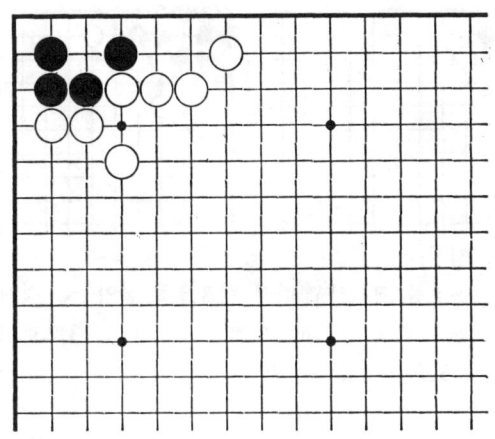

제59문

백이 먼저 둘 때

백선으로 귀의 흑을 잡을 수 있느냐 없느냐 하는 것이 문제이다. 흔히 이러한 문제를 대할 경우 초보자들은 너무 어렵다고 생각한 나머지 포기해 버리는 예가 많다.

수읽기의 힘을 이용하여 차분하게 수순을 정리하여 본다면 분명히 효과적인 수순을 찾아낼 수 있을 것이다.

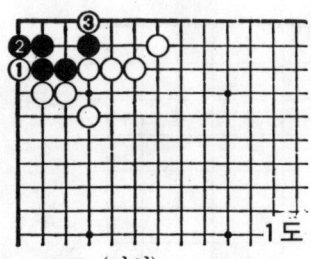 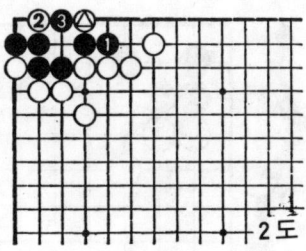

1 도 (정석)

백1, 흑2를 교환하고 나서 백3으로 붙여두는 것이 정석이다. 백1과 흑2를 교환하지 않고 그대로 3으로 붙여두는 것은 3도와 4도가 되어 실패가 된다.

2 도 (패)

백△에는 흑1로 나간다. 이때 백2로 뛰어 붙이고 흑3으로 먹여쳐서 패가 된다. 백3을 허용하면 흑은 죽고 만다.

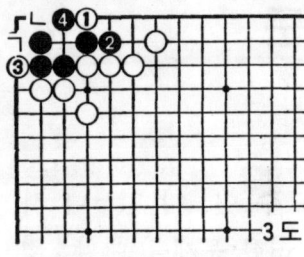 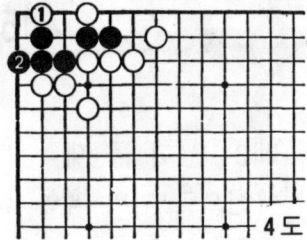

3 도 (실패)

백1로 붙여오면 흑2로 두면 흑4로 응수해서 흑은 도 흑ㄴ이다.

나간 다음에 백3으로 젖혀 가볍게 난다. 백ㄱ에 두어

4 도 (변화)

3도의 백3으로 이처럼 백1에 두면 흑2로 응수한다, 이 것으로 흑은 두집을 갖추어서 살게 되므로 백은 오히려 흑이 살도록 도와준 결과가 된다.

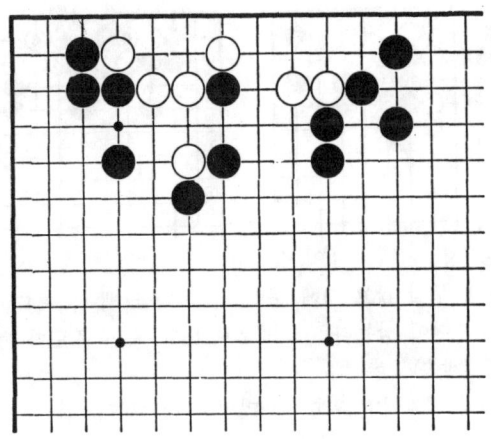

제60문

흑이 먼저 둘 때

이 그림 역시 상당히 고급의 실력을 요하는 문제이다.

이 정도의 문제를 능히 해결할 수 있는 사람이라면 그 기량은 상당한 수준에 도달해 있다고 보아야 할 것이다.

한 수 한 수를 진행하면서, 모든 응수를 묘수로 연결하는 것이 중요하다.

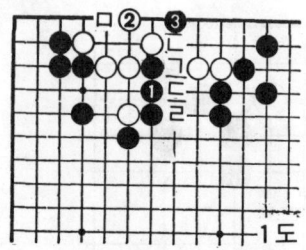

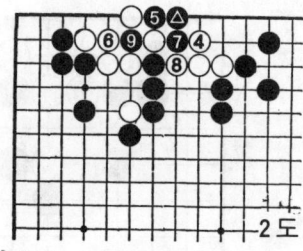

1 도 (정석)   흑 1 이 정석이다.

흑 1 에 두지 않고 ㄱ에 두면 백ㄴ 다음 백 1, 흑ㄷ, 백ㄹ
의 후속수단이 남는다. 또 백 2 로 ㅁ에 두면 4 도가 된다.

2 도 (계속)

흑◎에 백 4 이면 흑 5 가 멋진 수다. 백 6 이면 이하 흑
7, 9 하여 패가 만들어진다. 또, 백 6 으로 7 에 두면 흑 6 으
로 끊어 백은 모두 죽는다.

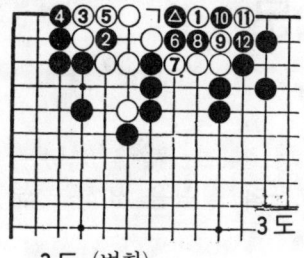

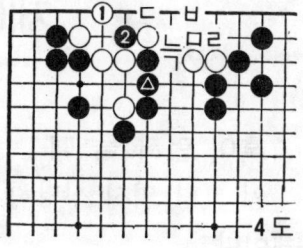

3 도 (변화)

흑◎에 백 1 로 붙여두면 흑 2 로 끊고 백 5 까지, 흑 6, 백
7 에 흑 8 로 찌른다음 12 까지 패가 만들어진다. 왼쪽 백이
자충이 되는 관계로 백ㄱ으로 단수칠 수가 없다.

4 도 (전멸)

흑◎일 때 백 1 로 호구벌리면 흑 2 가 좋은 착수여서, 백은
더 이상 후속수가 없어 죽는다. 백ㄱ이면 흑ㄴ, 백ㄷ, 흑ㄹ,
백ㅁ, 흑ㅂ이 된다.

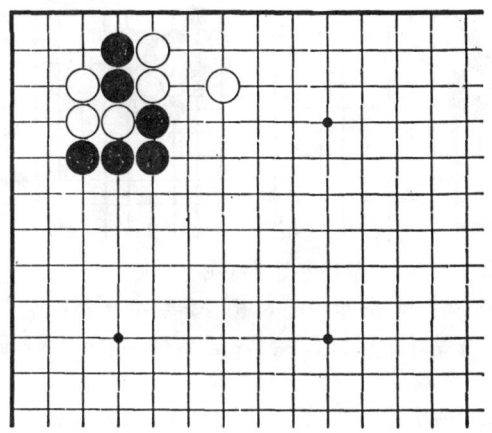

제61문

흑이 먼저 둘 때

이 그림 역시 재미있는 문제이다. 수읽기의 힘이 약한 초보자의 입장에서 본다면 반드시 백에게 포위 당한 흑 2점은 죽은 것으로 단정하고 만다.

그러나 그렇지 않다는데 이 문제의 흥미거리가 있다.

수순을 잘 헤아려 보면 반드시 수가 있다. 흑 두점을 살릴 수 있는 묘수를 찾아보자.

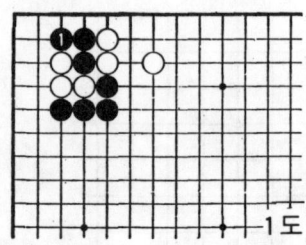
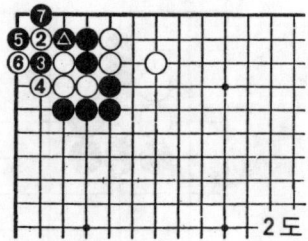

1 도 (정석)   흑1이 정석이다.

'귀의 특수성'을 잘 이용하면 좋은 수가 생긴다. 흑은 이렇게 구부려서 백을 「자충」으로 유인하려는 속셈이다.

2 도 (계속)

흑▲에 백 2로 막을 수 밖에 없는데, 그때 흑 3으로 끊고 백 4일 때 흑 5이다. 백 6으로 흑 한점을 때리면 흑 7로 단수하고 백은 패를 때린다.

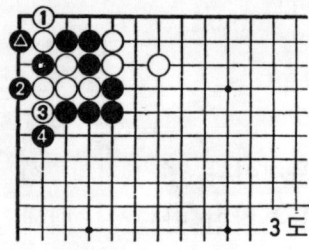
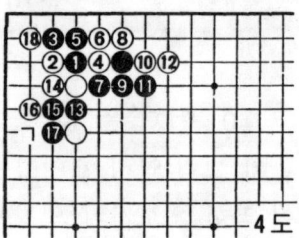

3 도 (변화)

흑▲(2 도의 흑5)에 대해 백 1로 내려서면 흑 2로 패가 된다. 백 3, 흑 4를 교환한 후 양쪽의 팻감에 승패가 걸린다.

4 도 (화점 정석)

화점정석에서 흑1, 3부터 백 4, 6이 되면 이하 백18까지 이루어지는 모양이 있다. 이 다음 흑ㄱ으로 막으면 귀에서 이 문제에 대한 해답이 나타난다.

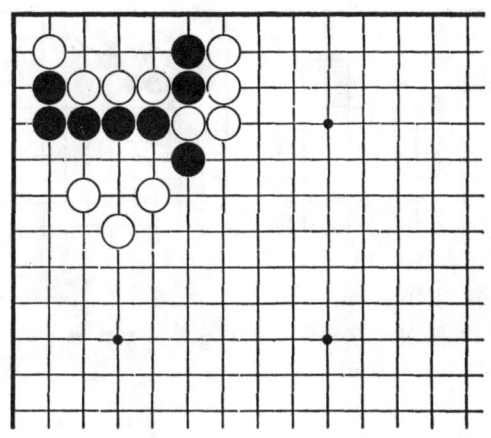

제62문

흑이 먼저 둘 때

이 문제도 제61문과 비슷한 유형의 문제이다.
수순의 묘를 찾아 보자.

먼저 백의 우리에 갇힌 흑 두 점을 살릴 수 있
는 방법을 모색해 보자. 상대방의 급소가 곧 나
의 급소라는 바둑의 격언을 되새겨 보자. 이 문
제에도 반드시 수는 있다. 수를 찾아 보자.

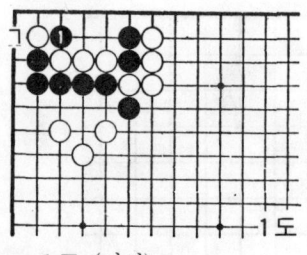

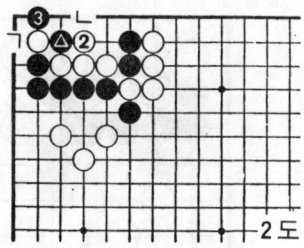

1도 (정석)

흑1이 정석이다.

이 흑1을 알지 못하고 흑ㄱ 등으로 젖혀 백1로 잇는 수를 허용해서는 재미없다.

2도 (계속)

흑▲에는 백2 그러면 흑3으로 젖혀 앞 페이지에서 처럼 패로 저항한다. 백ㄱ으로 내려서면 흑ㄴ으로 젖혀서 패가 만들어진다.

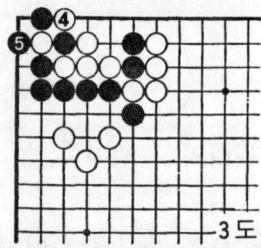

3도 (계속)

계속해서 백4로 흑 한점을 때리면 흑5로 넘어 패가 된다. 백은 '패는 우선 때려라'라는 격언에 따라 때리지만, 흑이 되때린 다음 패에 자신이 없으면 이을 수가 없다.

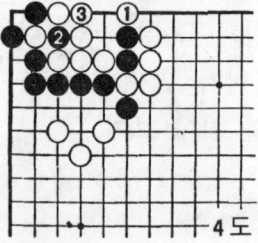

4도 (삶)

흑의 팻감이 풍부해서 백이 이길 가망이 없다면 백1, 흑2, 백3정도가 예상된다. 그러면 흑은 패를 잇고 두집을 갖추어서 살게 된다.

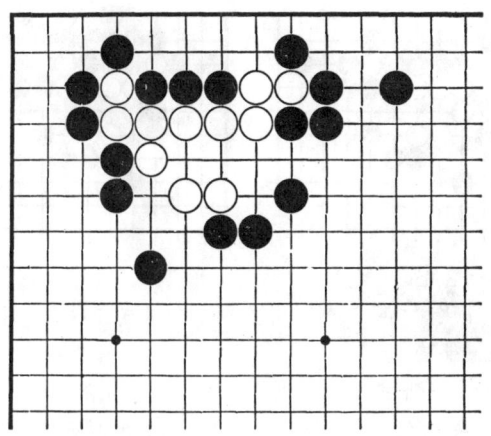

제63문

백이 먼저 둘 때

약간 어려운 문제이다.

언뜻 보면 백은 사방이 흑으로 둘러싸여 있어서 꼼짝달싹하지 못하고 궤멸될 것만 같다.

그러나 수는 있다. 수읽기의 힘을 이용하여 차분한 일착을 노려 보자.

급소를 찾아서 반격을 개시하는 것이 효과적이라고 본다.

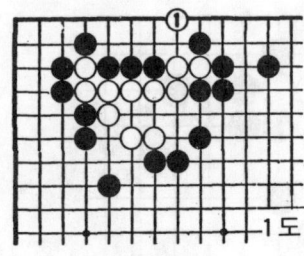 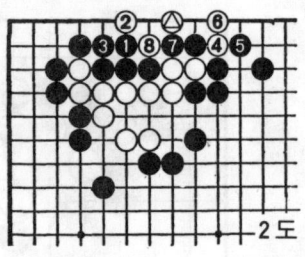

1도 (정석)

백 1 이 올바르다. 여기서는 백 1 외에는 없다.

2도 (계속)

백△에 대해 흑 1 이면 백 2 로 뛰어붙인다.

흑 3 일 때 백 4 로 끊고 흑 5, 백 6, 흑 7 에 백 8 로 먹여쳐 패가 만들어진다. 백 2 와 흑 3 을 교환하지 않으면 안된다.

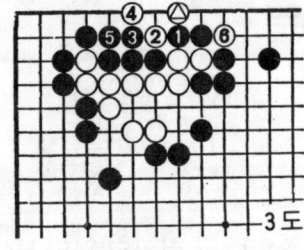 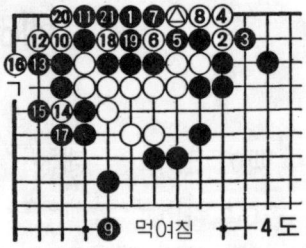

3도 (변화)

백△에 흑 1 하면 백 2, 흑 3, 백 4, 흑 5 일 때 백 6 으로 끊어 패가 된다. 흑 5 로는 '패는 먼저 때려라'에 따라 패를 때릴 것이지만 여기서는 이해하기 쉽도록 생략해 버렸다.

4도

복잡해 보이지만 외곬수여서 그렇게 어렵지는 않다. 백14, 16 하여 수수(手數)를 느는 것이 중요 하며 흑21 다음, 백은 8 의 아래쪽을 메워 패로 싸운다. 흑ㄱ, 백은 패 때린다.

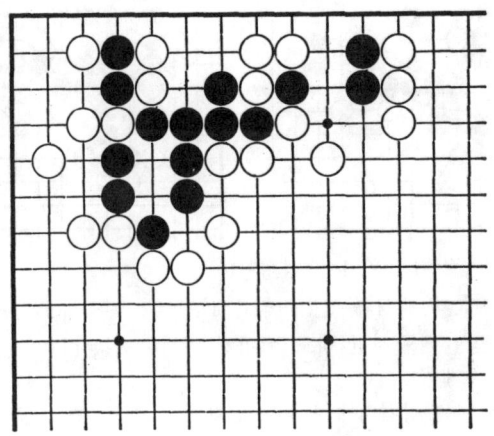

제64문

흑이 먼저 둘 때

이 문제 역시 한눈에 보면 흑이 영낙없이 죽은 것만 같다. 그러나 수읽기의 힘을 이용하여 자세히 살펴 보면 흑에게도 묘수가 있다는 것을 알 수가 있다.

흑으로서는 아무래도 백에 대하여 역공으로서 난국을 타개해 나가지 않으면 안된다.

묘수를 찾아서 차분한 일착을 시도해 보자.

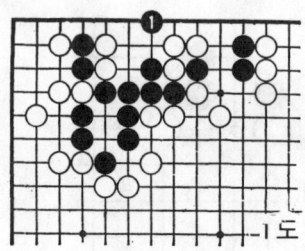
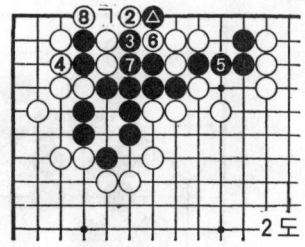

1 도 (정석)   흑 1 이 정석이다.

'사활문제'에서는 일반적인 '맥'이어서 왼쪽과 오른쪽 백의 약점을 찌르지만 백도 가만히 있지는 않는다.

2 도 (계속)

흑▲에는 강력하게 백 2 로 반발하고 흑 3, 백 4, 흑 5 에는 백 6 으로 역습한다. 흑 7, 백 8, 다음 흑ㄱ으로 때려서 '패'가 된다. 흑 7 로 먼저 흑ㄱ에 두어 백 2 한점을 때리면 백 8, 흑 7, 백 2 가 되어 흑은 팻감 하나를 손해본다.

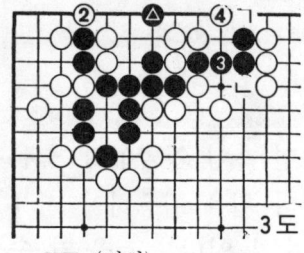
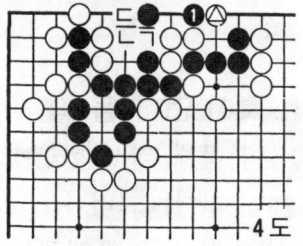

3 도 (변화)

흑▲일 때 직접 백 2 하면 흑 3 으로 잇는데, 여기서 백 4 의 마늘모를 당했을 때의 대책을 세워두지 않으면 오히려 흑은 잡히고 만다. 흑ㄱ에 두면 백ㄴ으로 흑의 패배이다.

4 도 (계속)

백▲일 때 흑 1 로 두는 것이 이 경우의 절묘한 수다.   이 다음, 백ㄱ, 흑ㄴ이고 백ㄷ의 패가 된다.

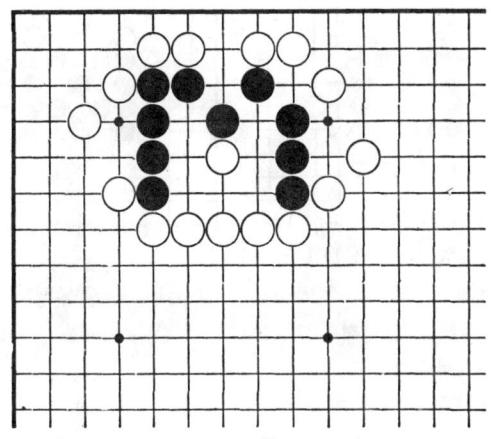

제65문

흑이 먼저 둘 때

이 문제 역시 언뜻 보면 흑이 살지 못할 것 같다.

그러나 수읽기의 힘을 이용하여 수순을 잘 생각해 본다면 충분히 묘수를 찾아낼 수 있을 것이다.

단순한 수순으로서는 결코 문제가 해결이 되지 않는다. 멋진 수순을 찾아 보자. 분명히 수는 있다.

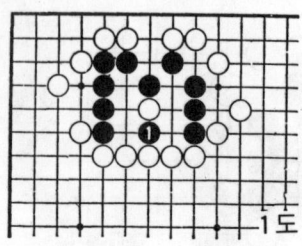
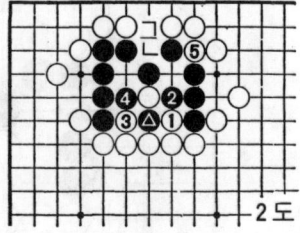

1 도 (정석)　흑1이 정석이다.

'사활문제'에서의 일반적인 '맥'인데 '좌우 동형의 중앙에 수가 있다'는 전형적인 것이다.　이 한수 외에는 수가 없다.

2 도 (계속)

흑◎에는 백1, 흑2, 백3, 흑4가 되고 계속해서　백5에 두면 흑◎의 곳 패를 때린다 백ㄱ, 흑ㄴ을 교환하고 나서 다음, 백은 패를 되때린다.

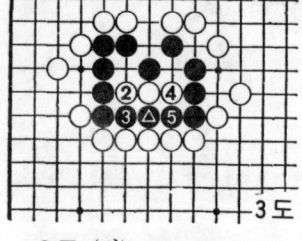
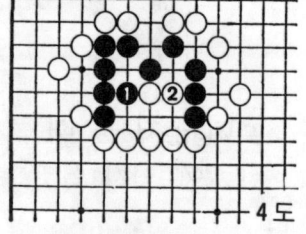

3 도 (빅)

흑◎에 대해 백2하면 흑3, 백4면 흑5여서 「빅수의 삶」이다. 패로 만들 수 있는 것처럼 「빅」으로 만들어서는 안된다.

4 도 (실패)

이렇게 흑1에 두면 백2를　당해 흑은 모두 죽는다. 또 흑1 말고 흑2해도 백1로 두어 역시 흑은 실패이다.

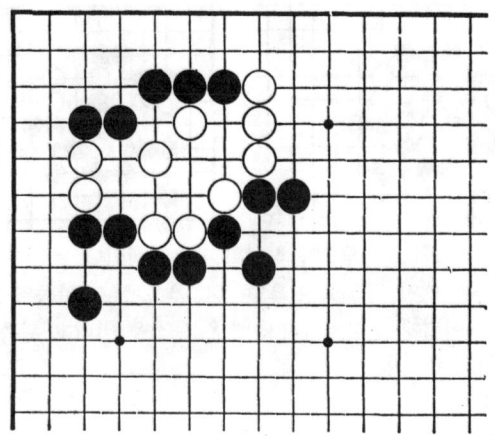

제66문

혹이 먼저 둘 때

이 문제는 중앙을 돌파하고 있는 백의 강력한 행렬을 혹이 위 아래에서 끊을 수 있느냐 하는 것이다.

언뜻 보면 백이 틀림없이 이어갈 수 있을 것처럼 보인다.

그러나 사실은 그렇지만은 않다.

여기에도 끊음의 묘수가 있다. 수읽기를 통하여 묘수를 찾아보자.

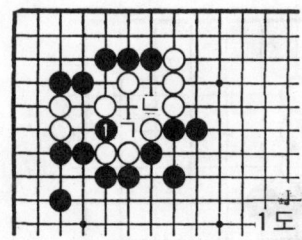

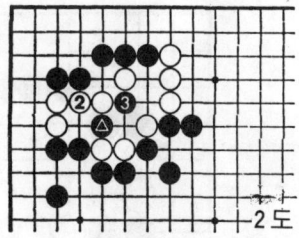

1 도 (정석) 흑1이 정석의 제1단계이다.

여기서 백이 ㄱ으로 이으면 흑ㄴ으로 끊겨 왼쪽의 백은 탈출하기 어렵게 된다. 따라서 백은 두점을 버리고 왼쪽을 구출하려고 하지만——.

2 도 (계속)

흑△에 대해 백2는 필연적인데 이것을 날카롭게 추궁한 흑3이 순식간에 백을 끊는 '맥'으로 정석이 끝난다.

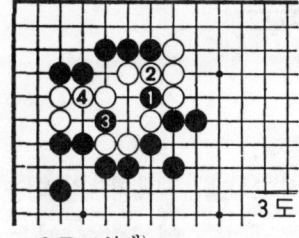

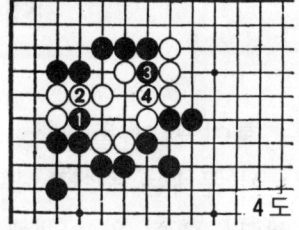

3 도 (실패)

처음에 흑1로 끊어 백2와 교환해서는 성공하지 못한다. 이 다음 흑3에 두어도 백4하여 무난히 넘어 간다.

4 도 (속맥)

흑1로 나가 백2의 잇는 수를 허용하고 다시 흑3으로 진출해 백4의 잇는 수를 허용하는 것은 '속맥'으로 두점마저 놓치고 만다. 2 도와의 차이를 비교해보면 집만으로도 30집 정도의 큰 손해라는 것을 알 수 있다.

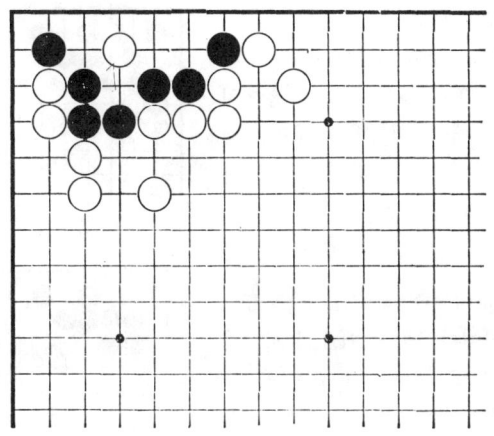

제67문

흑이 먼저 둘 때

흑의 심장부에 박혀 있는 백돌 한 개가 심히 눈에 거슬린다. 이 경우에는 제아무리 흑이 먼저 둔다고 하더라도 선뜻 살 수 있을 것 같지 않다.

왜냐하면, 흑집의 중앙에 쐐기를 박아놓고 백돌 한 점이 강력한 방해 공작을 펼칠 것이 틀림없기 때문이다.

자, 그렇다면 어떻게 두어야 할까?

1도 (정석)

흑1로 끊어 백2와 교환하고 나서 흑3이 정석이다. 이 흑3의 곳을 손빼어 방향을 바꾸면, 백ㄱ의 젖힘수를 당해 흑의 궁도가 순식간에 좁아지고 만다.

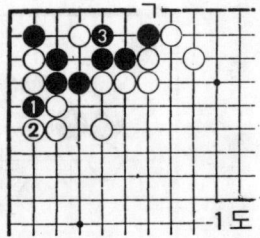

1도

2도

흑▲에는 백4로 끊고 흑5는 필연적이다. 이때 백6, 8로 둔 것은 3도의 '후절수(後切手)'를 의식한 것이다. 흑ㄱ, 백ㄴ, 흑ㄷ, 백ㄹ, 흑ㅁ의 '후절수'가 되어서는 흑이 모두 죽게 된다.

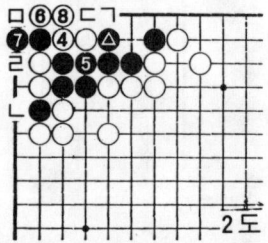

2도

3도 (후절수)

2도의 흑ㄱ부터 ㅁ의 수순으로 백 넉점을 때린 것이 그림의 흑●이다. 이렇게 되면 백1로 때려낸 자리에 다시 끊어 흑대마가 그대로 죽고 만다.

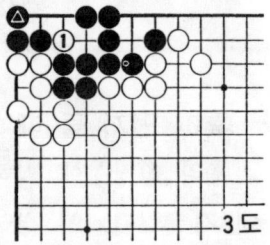

3도

4도 (패)

여기서는 흑1로 먹여쳐 백2, 흑3의 패로 만들어야 한다. 여기서도 백ㄱ에 두면 '후절수'는 성립하지만, 그러면 흑도 두집이 확보된다. 그래서 흑3에는 백ㄴ으로 전체가 패가 되어 버린다.

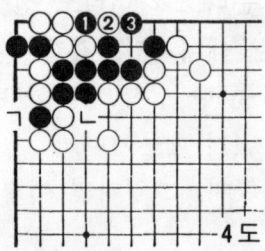

4도

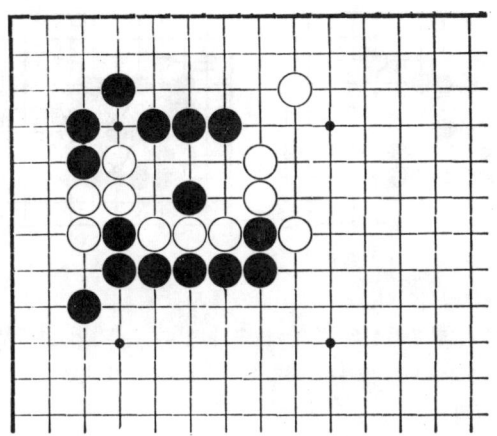

제68문

백이 먼저 둘 때

이 모양 역시 앞의 제93문의 문제와 비슷한 양상을 띠고 있다.

따라서 앞의 문제를 풀어 본 사람이라면 이 문제 역시 충분히 해결할 수 있을 것이다.

끊음수를 이용하여 건너감에 묘책을 강구해 보자.

여기에도 수는 있다. 차분한 일착을 노려 보도록 하자.

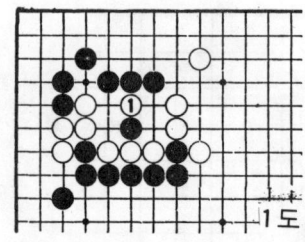 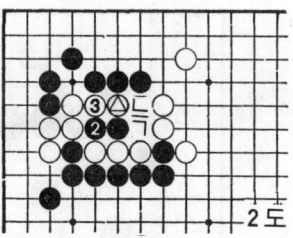

1 도 (정석)

백 1이 정석이다.

이것은 '좌우동형의 중앙에 수가 있다'는 격언 그대로이다. 왼쪽과 오른쪽에 끊기는 약점을 백 1로 방지하고 있다.

2 도 (계속)

백△에 대해 흑 2일 경우, 백 3하여 아래의 백 석점은 버린다. 흑ㄱ과 백ㄴ을 교환해서 백은 넘어 가게 된다.

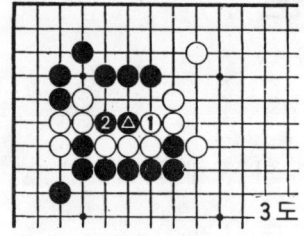 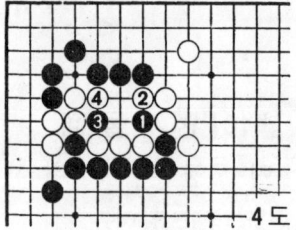

3 도 (실패)

백 1하여 끊긴 약점을 보완하면 흑 2에 의해 끊긴다. 흑의 주문대로 흑△의 붙임수가 성공한 것이다.

4 도 (고려)

이곳은 원래 흑이 끊지 못하는 곳이어서 흑 1이면 백 2로 두고, 흑 3에 두어도 백 4로 백은 언제라도 석점을 버리고 넘어갈 준비를 하고 있어야 한다.

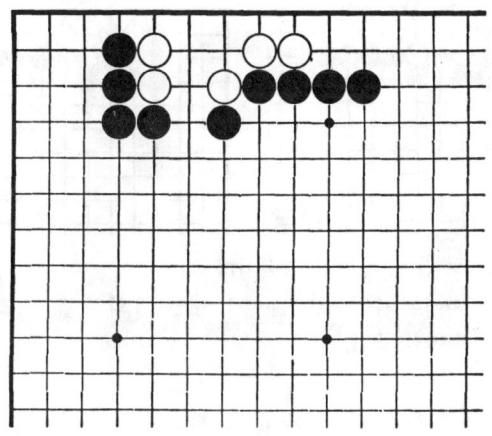

제69문

백이 먼저 둘 때

백선으로 과연 살 수가 있을까?

만약에 한 수만 잘못 두면 백은 꼼짝없이 죽고 만다.

이 그림에서도 역시 수순이 중요하다.

어떻게 하면 두 눈을 확보할 수 있을까? 백으로서 제 일착은 어디에다가 두어야 할까? 차분하게 수를 생각해 보자.

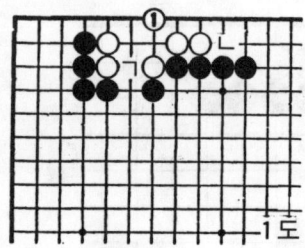

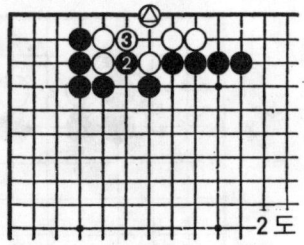

1 도 (정석)   백 1이 정석이다.

백 1 외에는 수가 없다. 백 1 대신 ㄱ의 곳을 이으면 흑 ㄴ으로 두어서 좋다.

2 도 (계속)

백△에는 흑 2의 단수로 몰고, 백 3의 패로 저항한다.

이처럼 패로 반발하게 되어 백은 약간의 여유를 가지게 되었다.

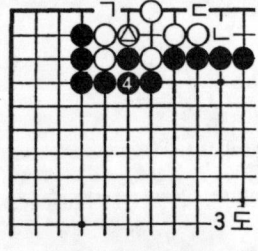

3 도 (계속)

이 패도 백△로 반발했을 경우 흑 4로 이을 수가 있다. 이 다음 백ㄱ이면 흑ㄴ, 백ㄷ은 흑의 권리여서 침착하게 패싸움을 하면 된다. 이것역시 흑의 '꽃놀이패'가 되는 것이다.

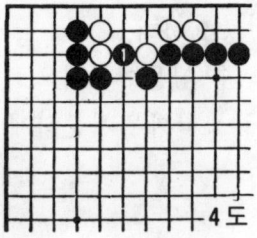

4 도 (참고)

흑이 이 백을 잡으려면 흑 1로 두는 정도인데, 3 도에서 설명한 것처럼 흑은 여유를 가지고 있으므로 성급히 초반이나 중반의 바쁜 시기에 두지 않아도 된다.

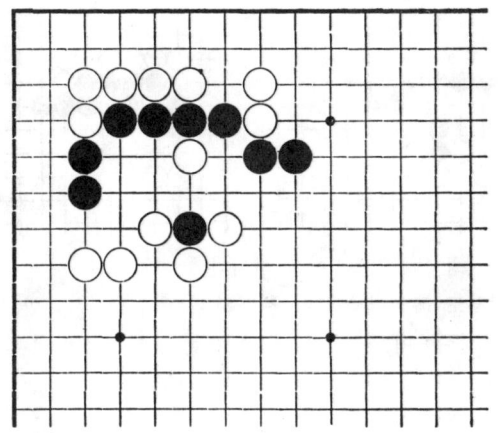

제70문

흑이 먼저 둘 때

현재 흑은 두 군데에 끊기는 맥을 가지고 있다. 이것이 심각한 약점이다. 따라서 흑은 자신의 약점을 최대한 방지해야 할 것이다. 끊김을 방지하기 위해서는 끊김의 맥을 잘 이용하는 것이 무엇보다도 필요하다.

과연 어떻게 하면 흑이 곤궁을 모면할 수 있을까?

수읽기의 힘을 이용하여 수를 찾아 보자.

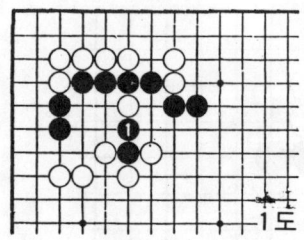
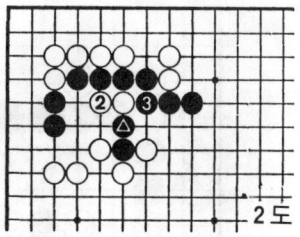

1도 (정석) 흑1이 정석이다.

여기서도 흑1이 '맥'에 해당하고 있다. 요령은 앞 문제와 같다. 물론 이 흑 두점을 버리는 돌로 삼아서 넘는 것이다.

2도 (계속)

흑⦿에 대해 백2로 나가면 흑3으로 이어 완전히 연결된다. 백은 이 다음 흑을 끊지 못한다.

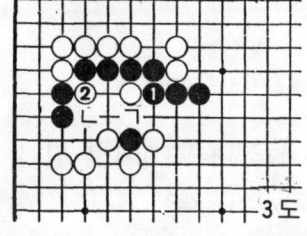
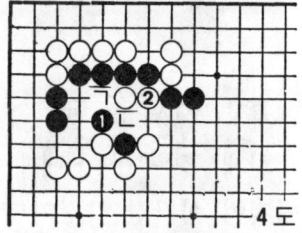

3도 (실패)

흑1로 잇는 것은 백의 주문대로여서 즉시 백2로 끊겨 왼쪽 흑 두점은 잡혀버린다. 흑ㄱ에 두어도 백ㄴ으로 그만이다.

4도 (죽음)

흑1도 역시 실패다.

즉시 백2로 끊겨 흑ㄱ에 두어도 흑ㄴ이 있으므로 흑은 왼쪽에서 두 집을 확보하지 못해서 죽는다.

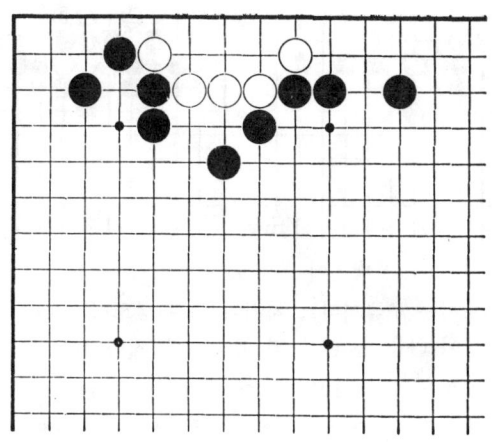

제71문

백이 먼저 둘 때

 백선으로 살 수 있느냐 없느냐 하는 것이 이 문제의 주요 안건이다.

 흑의 외세가 강력하기 때문에 수를 찾지 않으면 백으로서는 살기가 어렵다. 가급적이면 흑에게 부담을 줄 수 있는 수순을 택하는 것이 유리하다.

 수읽기의 힘을 이용하여 맥수를 찾아 보자. 분명히 수는 있다.

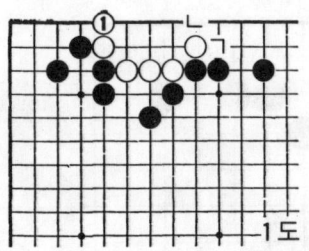
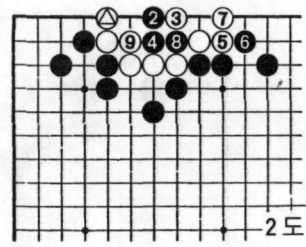

1 도 (정석)   백 1 이 올바르다.

백으로서는 조금이라도 자기의 영토(궁도)를 넓혀야 하는 것이다. 이 다음 흑ㄱ이라면 백ㄴ으로 살아난다.

2 도 (계속)   흑 2 로 급소에 뛰어든다.

백 3 부터 흑 4, 백 5, 흑 6, 백 7 까지는 외곬수이다. 그때 흑 8, 백 9 를 교환하여 패가 만들어진다. 백 3 으로 4 에 두면 다음과 같이 된다.

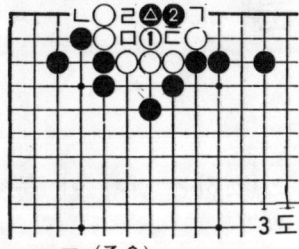
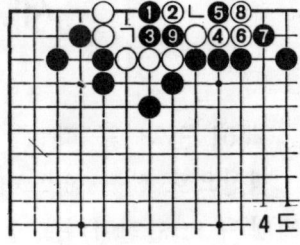

3 도 (죽음)

흑⚫(2 도의 흑 2)에 백 1 로 치받으면 흑 2 로 뻗어 백은 죽는다. 백ㄱ, 흑ㄴ, 백ㄷ, 흑ㄹ, 백ㅁ, 흑⚫이다.

4 도 (참고)

이 그림은 오른쪽에 흑이 한줄을 더 수비하고 있어서 흑 5 로 급소에 뛰어드는 묘수가 성립하여 백은 모두 죽는다. 백 8, 흑 9 다음 백ㄱ, 흑 ㄴ, 백 2, 흑ㄴ으로 다섯집 뛰어듦 수가 되어버린다.

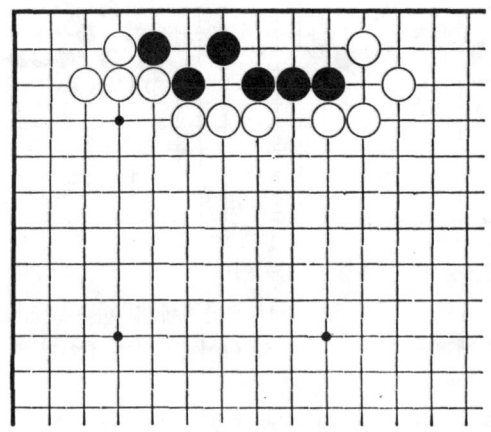

제72문

흑이 먼저 둘 때

혹선이라고 하지만, 사실 살기가 용이하지 않은 문제이다. 결코 쉽게 생각할 수 없는 문제이다. 쉽게 생각하여 아무렇게나 둔다면 결코 흑을 살릴 수가 없다.

묘수를 찾아야 한다.

자, 수를 찾아보자. 평범한 수가 아니라 멋진 묘수를 찾지 않으면 안된다.

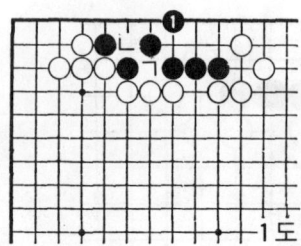

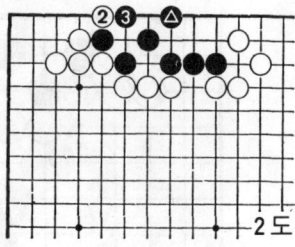

1 도 (정석) 흑 1이 정석이다.

이 흑 1이 모양의 급소여서 오른쪽에 집 하나를 만든다.
다음 백ㄱ에 두면 흑ㄴ으로 이어 가볍게 살아난다.

2 도 (계속)

흑●(1도의 흑 1)에 대해 백 2로 젖혀서 단수친다. 이을
경우 죽게 되므로 흑 3에 두어 패로 유인한다.

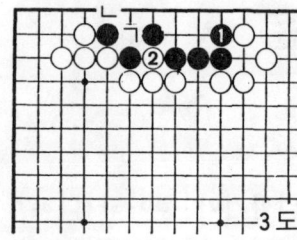

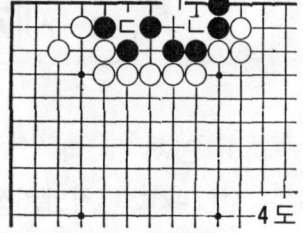

3 도 (죽음)

처음에 흑이 급소인 호구에 벌리는 수를 손빼 이렇게 흑
1로 구부리면 백 2를 당해 흑은 모두 죽는다. 흑ㄱ으로 이
으면 백ㄴ으로 젖혀 잡는다.

4 도 (참고)

이 모양에서는 흑이 무조건으로 산다. 수순은 흑ㄱ, 백ㄴ,
흑ㄷ이여서 간단하다.

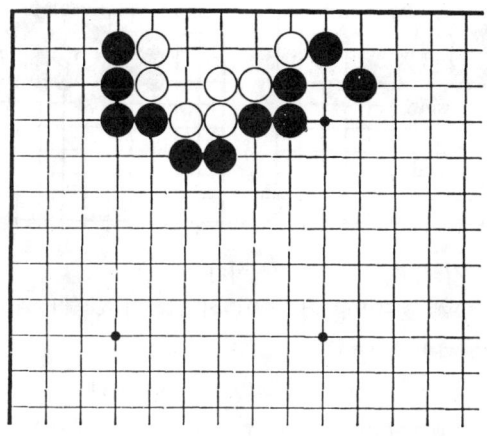

제73문

백이 먼저 둘 때

이러한 문제는 상당히 어려운 것처럼 보이지만 사실 그렇지만도 않다.

실전의 대국에서도 곧잘 응용되는 문제이므로 철저하게 기억해 두는 것이 바람직하다. 흑에게 포위되어 있는 백으로서는 약간 답답한 싸움이 예상되는 곳이지만, 수읽기의 힘을 이용하여 차분한 일착을 노린다면 충분히 수를 찾을 수 있을 것이다.

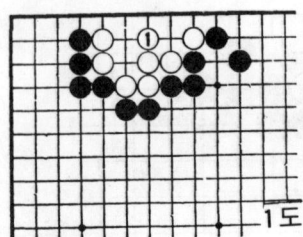

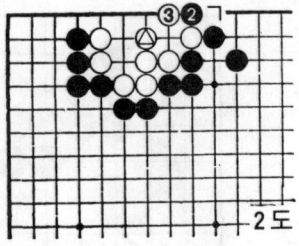

1도 (정석) 백1이 정석이다.

백이 만약 호구벌릴 경우 자충이 되어서 죽는다. 백1로 두어 패로 싸워야 한다.

2도 (계속) 백△에 흑2는 필연적이다.

그러면 백3의 패로 반발한다. 흑은 이 패에는 약간 양보해서 ㄱ으로 이어도 이 다음 백은 패가 아니면 두 집을 만들지 못한다.

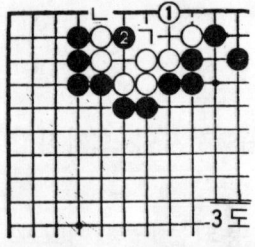

3도 (죽음)

이 경우 백1로 호구벌릴 것이다. 하지만 이것은 흑2를 당하면 모두 죽는다.

백ㄱ, 흑ㄴ 다음은 자충이 되어 백은 어떻게 할 수가 없다. 공배가 하나 비어있는 **4도**와 비교해 본다.

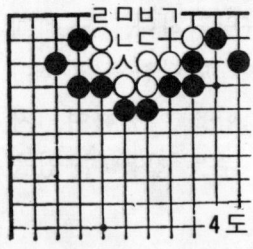

4도 (삶)

왼쪽에 비어있는 공배에 의해서 백은 가볍게 산다.

수순은 백ㄱ, 흑ㄴ, 백ㄷ, 흑ㄹ, 백ㅁ, 흑ㅂ, 백ㅅ이 된다.

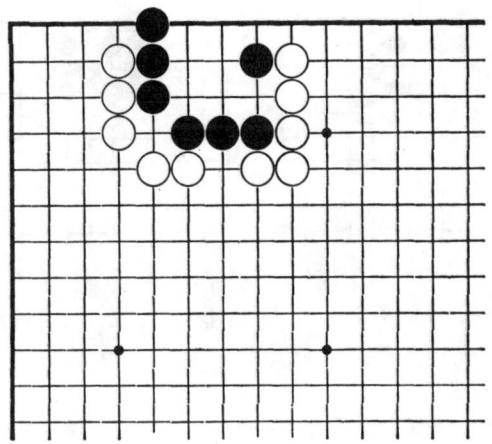

제74문

흑이 먼저 둘 때

언뜻 보면 흑의 궁도가 좁기 때문에 살지 못할 것 같이 보인다. 그러나 흑 한 점이 일선에 떨어져 있고, 좌변의 흑이 변으로 내려서 있다는 것을 염두에 두고 수읽기를 해보기 바란다.

이러한 문제에 접하게 되면 흔히 초보자의 경우에는 그냥 포기해 버리는 경우가 많은데, 항상 차분하게 수읽기의 힘을 발휘하기 바란다.

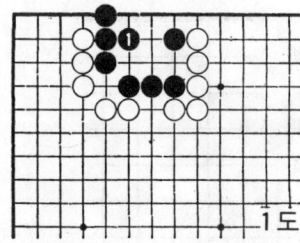 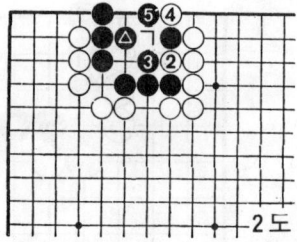

1 도 (정석)   흑 1 이 정석이다.

흑은 이 다음 한수만 더 두면 살게 되므로 백으로서는 최선을 다해 패로 만들어야 한다.

2 도 (계속)

흑◎에 대해 백 2 로 공격하고, 흑 3, 백 4, 흑 5 의 패로 반발한다. 백 ㄱ에 두어 패를 때리면 흑의 사활을 건 패가 된다.

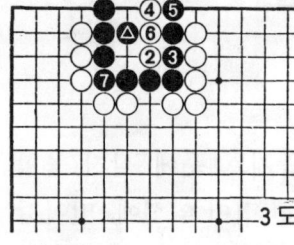 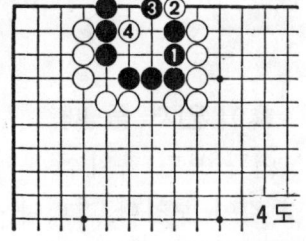

3 도 (빅)

흑◎에 대해 백 2 로 두면 흑 3, 백 4, 흑 5 여서 백 6 일 때 흑 7 의 곳을 이어 '빅수의 삶'이다.

4 도 (실패)

흑 1 로 잇는 것은 악수여서 흑 2 로 젖혀 잡는다. 흑 1 로 2 의 곳에 두어도 1 을 허용해서 역시 백 4 의 뛰어듦 수로 흑은 모두 죽게 된다.

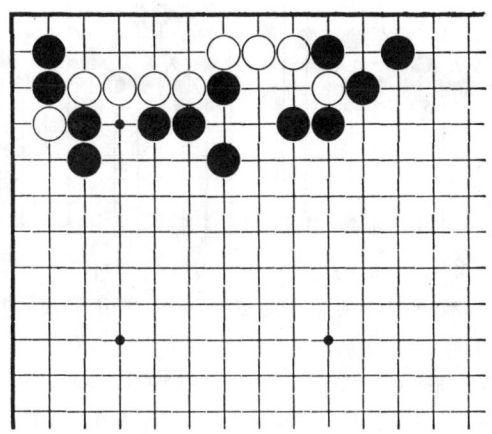

제75문

흑이 먼저 둘 때

흑이 먼저 둘 경우에 과연 백을 섬멸할 수 있느냐 하는 것이 이 문제의 주요 안건이다.

변에 위치한 백의 궁도가 상당히 넓기 때문에, 흑이 제아무리 먼저 둔다고는 하지만 백이 그리 쉽게 넘어가지는 않을 것 같다.

그렇다면 어떻게 두는 것이 현명한 방법일까? 여기에서도 비상 수단인 패를 생각해 보자.

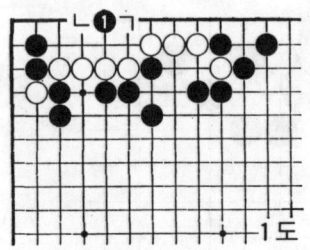 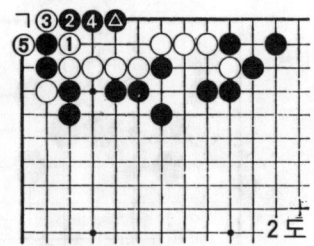

1 도 (정석)   흑 1 로 들어가는 것이 정석이다.

이에 대해 백ㄱ에 두면 흑ㄴ으로 뻗어 백이 죽게 된다.

2 도 (패)

흑▲에 대해 백 1 로 두고 흑 2 일 때 백 3 으로 응수한다. 흑 4, 백 5 로 사활을 건 패싸움이 된다. 또 흑 4 로 ㄱ에 두면 백 4 로 먹여쳐, 이것은 백의 한 수 승리다.

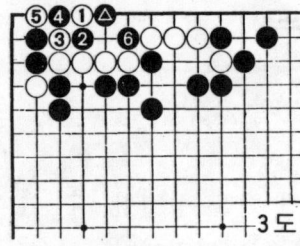 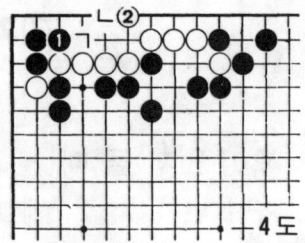

3 도 (변화)

흑▲에 백 1 하고 흑 2, 백 3, 흑 4 일 때 백 5 이면 흑 6 으로 끊고 나서 백 1 로 패를 따낸다.

4 도 (실패)

온건하게 흑 1 로 구부려서는 백 2 의 급소에 마늘모 붙임수 하여 가볍게 살아난다.

하지만 백 2 에 두지 않고 백ㄱ이나 백ㄴ으로 응수해서는 살지 못한다.

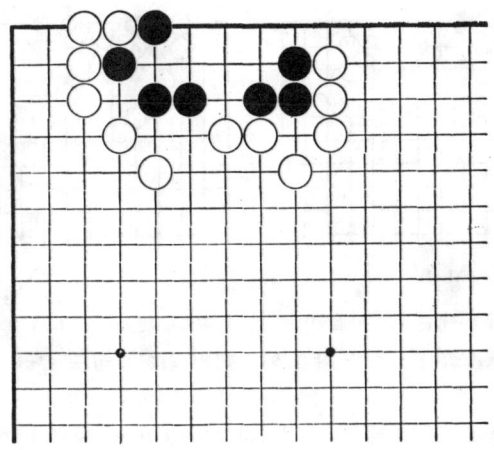

제76문

흑이 먼저 둘 때

한 눈에 보기에도 흑이 매우 엉성하다는 것을 알 수 있다. 따라서 흑이 살려면 상당한 묘수를 구사하지 않으면 안된다.

여기에서도 수읽기의 힘을 필요로 한다. 경과도와 결과도를 머리 속에 그려 보면서 차분한 일착을 생각해 보자.

보다 효과적인 막음이 필요하다.

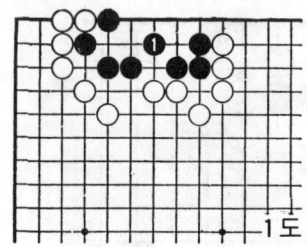 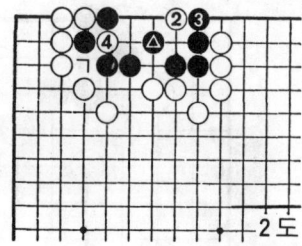

1도 (정석)   흑1이 올바르다.

흑1 외에는 두 집을 만들지 못한다.   이 흑1이 우선 기둥이라고 할 수 있는 착점으로 아직 완전하지는 않다.

2도 (계속)

흑▲에는 백2로 집을 파괴하고 흑3일 때 이러한 모양에서는 일반적으로 백4로 먹여친다. 백4에 두지 않고 백ㄱ에 두면 흑4로 그만이다.

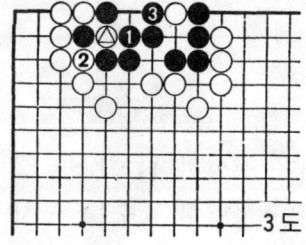 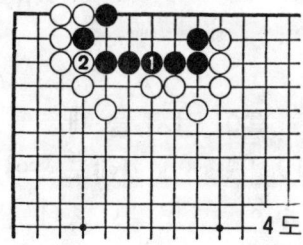

3도 (패)

백△를 흑1로 따낸다. 그러면 백2로 단수하고 흑은 3으로 내려서서 집 하나를 만든다.   결국 △를 둘러싼 패에 흑의 사활이 걸려 있다.

4도 (실패)

흑1로 궁도를 넓혀서는 실패다. 백2로 급소를 당하면 흑은 모두 죽게된다.

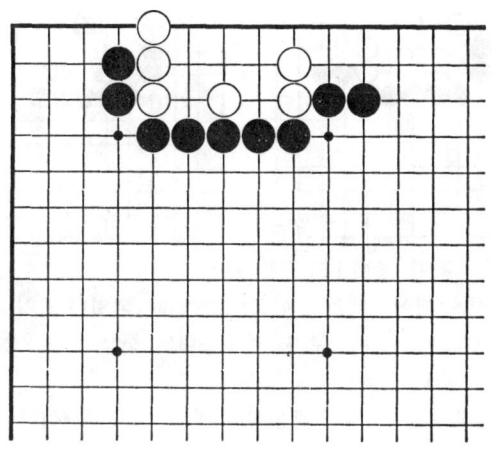

제77문

백이 먼저 둘 때

이 그림은 백선으로 흑에게 포위된 백이 살아갈
수 있느냐 하는 것을 주안점으로 하는 문제이다.

아직 집을 확보할 수 있는 필요 충분 조건을 갖
추고 있는 입장이 아니므로, 백은 각별한 신경을
써서 착수를 시행하지 않으면 안된다.

자, 그러면 적절한 수를 찾아 보자.

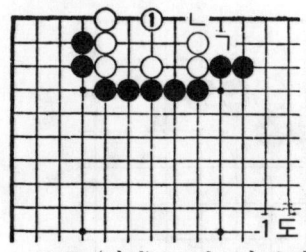 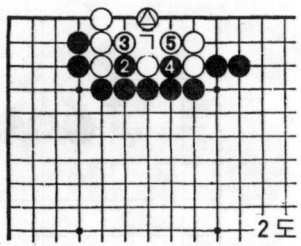

1 도 (정석)　백 1 이 올바르다.

이렇게 되어 백은 한숨 돌리게 되었다. 이 모양은 흑ㄱ, 백ㄴ이 된다고 보아 좌우동형의 중앙에 수가 있다.

2 도 (계속)

백△에 흑 2 일 경우 백 3 으로 뻗고, 흑 4 에 백 5 로 반발하여 백은 ㄱ으로 패에 사활을 걸게 된다. 이렇게 하는 것이 최대의 저항이며 그 이상은 어떻게 하지못한다.

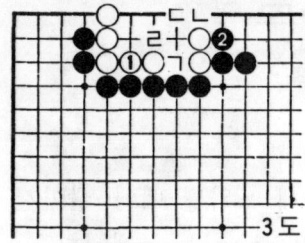 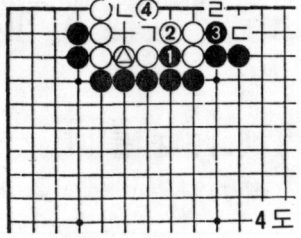

3 도 (죽음)

먼저 백 1 로 이으면 흑 2 로 응수당해 백은 그대로 죽는다. 백ㄱ, 흑ㄴ, 백ㄷ, 흑ㄹ 는 전형적인 뛰어듦 이다.

4 도 (실패)

백△(3 도의 백 1)일 때 먼저 흑 1 로 공격한 다음, 흑 3 으로 밀면 백 4 로 살아난다. 이 흑 1 은 오히려 백을 살려주는 수가 된다. 또 흑 3 으로 4 에 두어도 백ㄱ, 흑ㄴ, 백 3, 흑ㄷ, 백ㄹ이다.

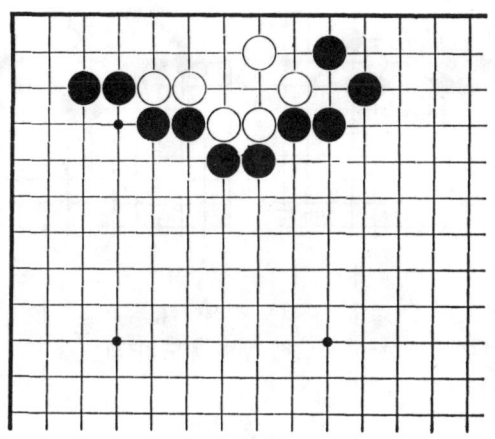

제78문

백이 먼저 둘 때

일반적인 정석에서는 그다지 보기 힘든 문제이다. 그러나 이러한 유형의 문제를 익혀 두면 의외로 실전에서 유용하게 쓰이게 된다.

언뜻 보면 백이 도저히 살 수 없을 것처럼 보인다.

그러나 수읽기의 힘을 이용하여 경과도를 그려 보면 의외로 수가 있다는 것을 알 수 있다.

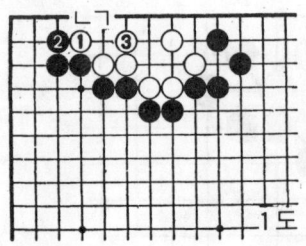 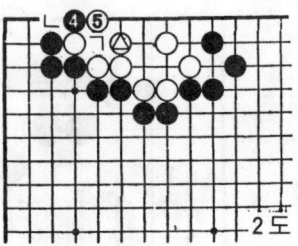

1 도 (정석)　백1, 흑2는 필연적이다.

백3으로　착수하는　것이 정석이다.　백3 대신 백ㄱ에 두면　3도가 되고,또 백ㄴ에 두면 4도가 되어 둘 다 실패다.

2 도 (계속)

백△에는 흑4로 젖혀 둘 수 밖에 없다. 그러면 백은　5로 반발해서 ㄱ의 곳의 패에 사활을 건다. 흑ㄴ으로 잇고 패를 때린다.

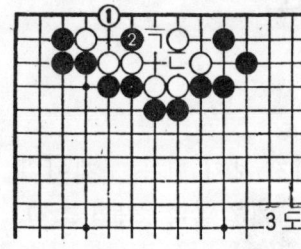 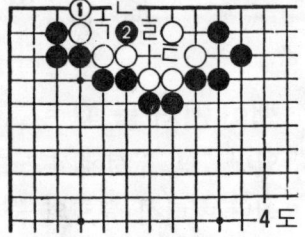

3 도 (실패)

여기서 백1로 호구벌리는 것이 좋을것 같지만 흑2의　붙임수가　강력한　공격이어서, 이하 백ㄱ에 두어도 흑ㄴ으로 먹여쳐 백은 살지 못한다.

4 도 (죽음)　백1로 내려서는 것도 실패다.

흑은 역시　2의 곳에 붙여 백은 살지 못한다. 이하 백ㄱ, 흑ㄴ, 백ㄷ, 흑ㄹ이다.

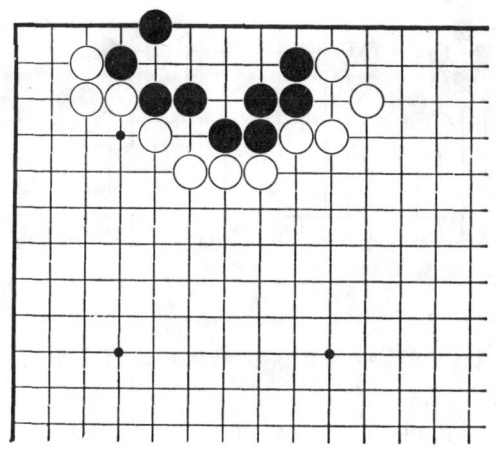

제79문

백이 먼저 둘 때

백선으로 흑을 잡을 수가 있을까?

흑은 집을 확보하여 살 수 있는 필요 충분 조건을 갖추고 있는 셈이다.

따라서 백은 흑의 집을 파괴하는 작전으로 나가지 않으면 안된다. 맥수를 찾아서 급소를 찔러야 한다.

자, 수를 찾아 보자.

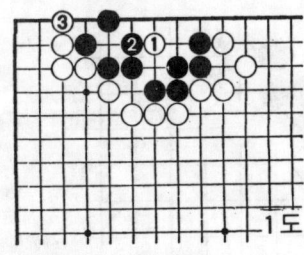 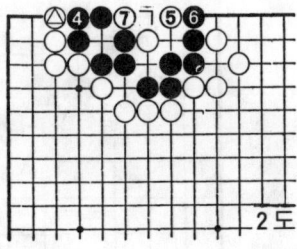

1 도 (정석)

백 1, 흑 2 는 당연한 수이다. 이때 백 3 으로 내려서는 것이 정석인데 이렇게 되면 흑의 사활을 건 패가 된다.

2 도 (계속)

백△으로 내렸을 때 흑 4, 백 5, 흑 6 에 백 7 로 먹여치는 것이 정석의 수순이어서 사활을 건 패가 된다. 흑 4 로 ㄱ에 두면 그 변화는 다음과 같다.

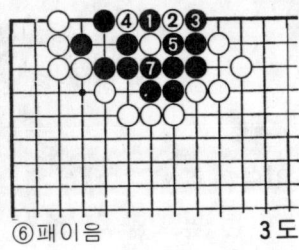 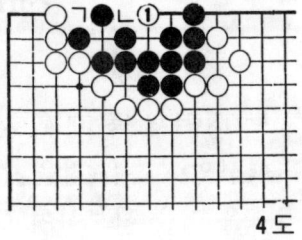

3 도 (변화)

흑 1 에는 백 2 로 응수한다. 그때 직접 흑 5 에 두면 패가 된다. 하지만 흑이 욕심을 부려서 흑 3, 5 의 단수로 계속 몰아 백 6 으로 이은 다음 흑 7 로 백 넉점을 때려도—

4 도 (실패)

흑이 때려낸 자리를 백 1 로 뛰어들면 흑은 그대로 죽는다. 흑 ㄱ에 두어도 백 ㄴ으로 응수하면 집을 만들 수 없는 것이다.

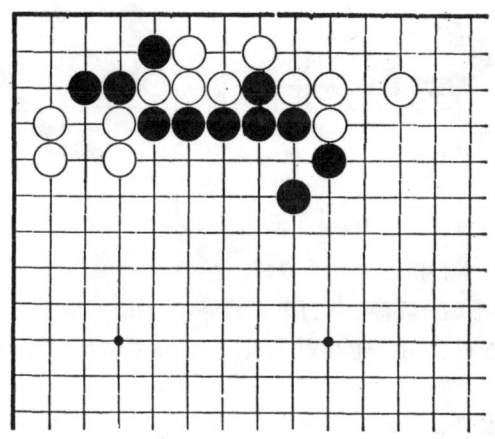

제80문

흑이 먼저 둘 때

이 그림은 상당히 어려운 문제이다. 현재 흑은 귀에서 두 집을 만들 수 있는 필요 충분 조건을 아직 갖추고 있지 못하므로, 귀에서 살아간다는 것은 여간 어려운 일이 아니다.

귀에서의 묘를 찾는 것이 무엇보다도 중요하다. 밖의 백을 위협하면서 흑은 비상 수단을 강구하는 것이 현명한 방법일 것 같다.

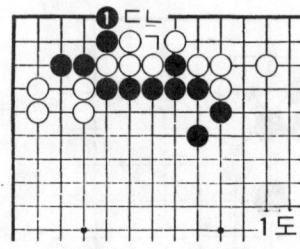 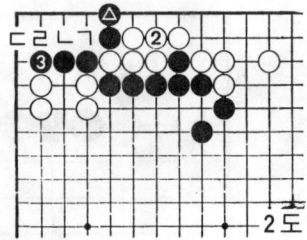

1도 (정석)   흑1이 정석이다.

이 흑1은 다음에 흑ㄱ으로 먹여쳐, 백ㄴ, 흑ㄷ으로 잡는 수를 노리고 있어서 백은 어쩔 수 없이 응수할 수밖에 없다.

2도 (계속)

흑⬤에는 백2로 응수한다. 그러면 흑3으로 막아 패가 되는데 거슬러 올라가   제9문과 같은 것이'된다. 또한 백2로 ㄱ에 두어도 흑ㄴ으로 두어 백ㄷ, 흑ㄹ의 패가 되어버린다.

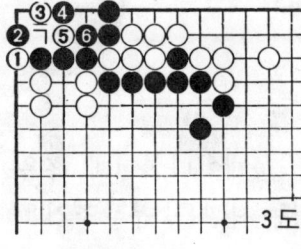 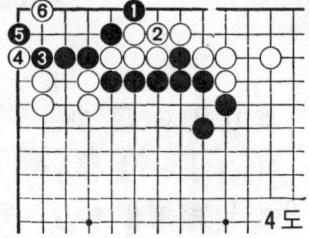

3도 (패)

이것은 바로 앞에서도 설명한 바가 있는데 백1, 3에서 흑6까지 패가 만들어진다. 백1로 ㄱ에 두어도 패이다.

4도 (실패)

성급하게 흑1로 두어 단수로 몰아버리면, 이하 흑3 해도 흑의 모양은 아직 완전히 수습되지 않아서 백4, 6을 당해 죽음을 피할 수 없다.

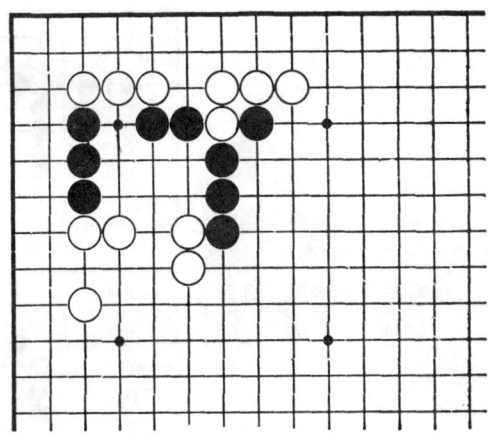

제81문

백이 먼저 둘 때

언뜻 보면 분명히 흑이 안정된 모양을 하고 있다고 판단되기 쉽다. 그러나 사실은 아직 흑으로서는 끊기는 맛을 간직하고 있다.

이것을 날카로운 눈으로 직시할 수 있는 정도의 사람이라면 그 기량이 상당하다고 할 수 있다.

백은 흑의 급소를 찾아서 공격을 해야한다. 우선은 급소를 찾는 것이 중요하다.

1 도 (정석)

백 1 이 정석의 제 1 단계이다. 흑은 즉시 2 로 응수한다.

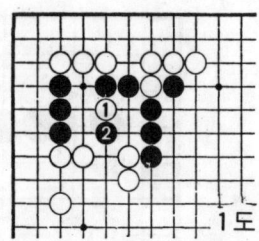

1 도

2 도 (계속)

그러나 흑△일 때, 백 3 으로 나가는 수가 심술궂게 흑을 넘지 못하도록 방해하는 정석의 제 2 단계이다. 이것에 의해 흑은 끊기고 말았다. 흑ㄱ이면 백ㄴ, 흑ㄷ, 백ㄹ이 된다. 또 흑ㄹ이면 백ㄷ이다. 흑ㄴ일 때는 백ㄱ으로 그만이다.

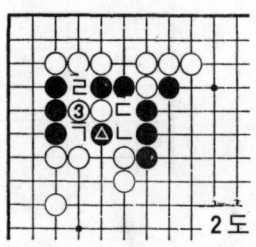

2 도

3 도 (실패)

백 1 로 먼저 뛰어 붙이면 흑 2 로 이어, 백ㄱ으로 끊는 수는 '자충'이 되므로 성립하지 않는다.

4 도 (나쁨)

백 1 로 끊어 흑 2 로 응수시키는 것은 나쁘다. 이 교환에 의해서 흑은 넘어갈 뿐만 아니라, 집만도 20집 정도의 커다란 차이가 생기게 된다.

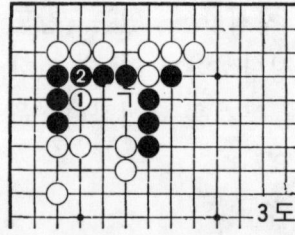

3 도

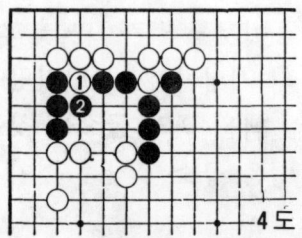

4 도

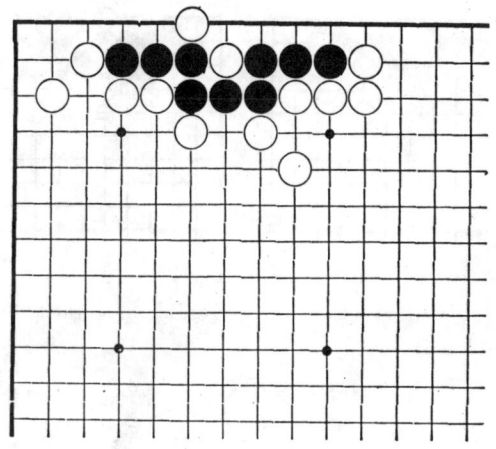

제82문

백이 먼저 둘 때

이 문제는 실전에 자주 나오는 모양이다. 그다지 어렵지 않은 문제인데도 초보자들은 곧잘 포기하거나 실패하는 경우를 자주 보게 된다.

이 문제를 풀지 못하고 실패하는 사람들은 경과도를 그려보지 않고 무턱대고 두기 때문이다.

수읽기의 힘을 이용하여 차분한 일착을 생각해보자.

170

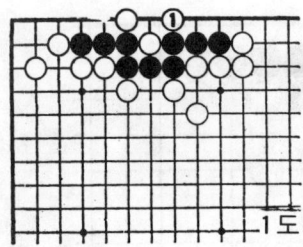
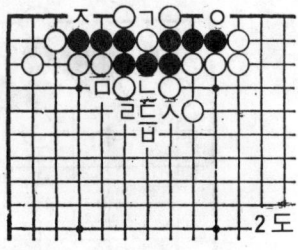

1 도 (정석)　백 1 이 정석이다.

이것은 무척 간단한 것이다. 그렇다고 소홀해서는 안된다.

2 도 (계속)

흑ㄱ으로 패를 때리는 것이 사활을 좌우한다.　팻감으로는 흑ㄴ, 백ㄷ, 흑ㄹ, 백ㅁ, 흑ㅂ, 백ㅅ, 흑ㅇ, 백ㅈ 등이 있기 때문에 꽤 지루한 신경전이 벌어지게 된다.

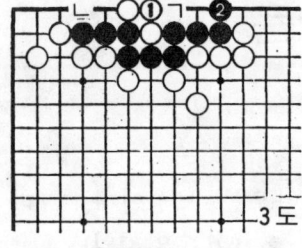
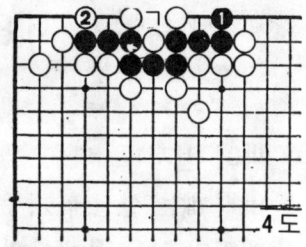

3 도 (실패)

백이 당황한 나머지 1의 곳을 이으면 흑 2 로 내려서서 백의 실패다. 백ㄱ에 두면 흑ㄴ으로 이곳은 '빅수의 삶'이 된다.

4 도 (수순)

마찬가지로 흑 1 하면 백은 즉시 2 의 곳에 젖혀두어야 한다. 백이 당황해서 ㄱ으로 패를 잇거나 하면 흑 2 하여 '빅수의 삶'이 되어 버린다.

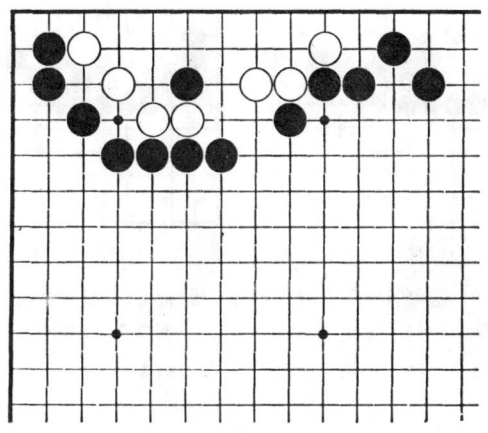

제83문

흑이 먼저 둘 때

백의 궁도가 너무나 넓다. 언뜻 보면 백이 완벽하게 살 수 있을 것 같다. 그러나 수읽기의 힘을 이용하여 경과도와 결과도를 머릿속에 그려볼 수 있는 사람이라면 충분히 흑선으로 백을 붕괴시킬 수 있을 것이다.

자, 그렇다면 제 일착은 어디에다 두어야 할까? 수를 생각해 보자.

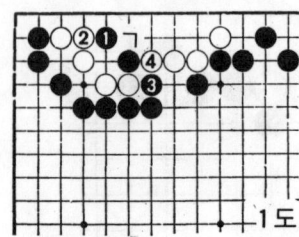

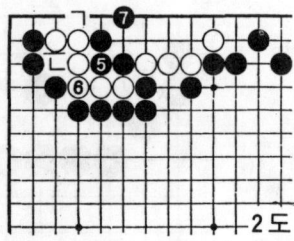

1도 (정석)

흑1이 정석이다. 만약 흑1을 생략하고 처음부터 흑3
등에 두면 백은 4로 응수하지 않고 백ㄱ으로 가볍게 두 점
을 버리고 살아 난다. 백2, 흑3, 백4까지는 필연적인 수
순이다.

2도 (계속)

흑5, 백6일 때 흑7이 원본에서 말하는 정석이다.
백ㄱ에 두어도 흑ㄴ으로 수 싸움은 백이 패한다.

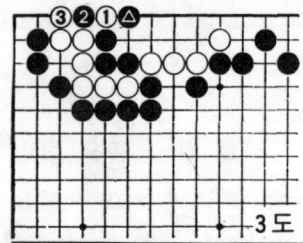

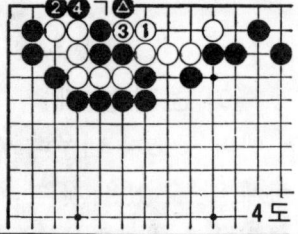

3도 (패)

흑●가 훌륭한 수이다. 백도 평범하게 응수해서는 실패하
므로 백1로 먹여쳐, 흑2로 때리면 백3의 패로 만든 다.

4도 (전멸)

흑●에 백1이면 흑2, 백3, 흑4로 넘어가 백ㄱ으로 석
점을 따내도 흑은 즉시 되때리므로 왼쪽은 '옥집'이 되어 백
은 모두 죽게 된다.

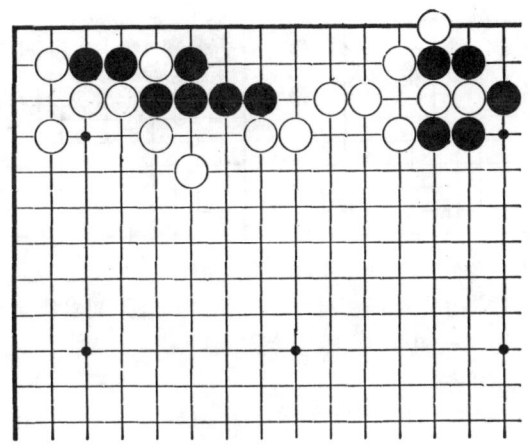

제84문

백이 먼저 둘 때

이러한 모양은 주로 접바둑에서 자주 나타나는 것을 볼 수 있다.

흑의 궁도가 비교적 넓기 때문에 백은 급소를 찌르지 않으면 실패하게 된다. 백은 외세의 두터운 세력을 이용하여 흑을 효과적으로 공략하는 것이 바람직하다. 흑의 세력권 안에 있는 백돌 한 점도 잘 이용할 수 있도록 한다.

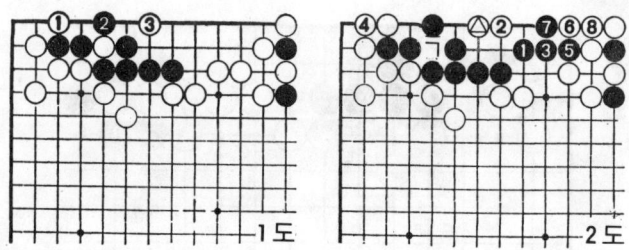

1 도 (정석) 백1, 흑2는 필연적이다.

백3이 정석으로 이것은 어디서든 집을 파괴할 때의 상식적인 수순이다.

2 도 (계속)

백△에 흑1이면 백2로 뻗는다. 백이 넘지 못하도록 흑 3에 두면 백4로 왼쪽을 이어 ㄱ의 곳은 옥집이 되어 버린다. 이하 흑5, 7로 두어도 흑은 오른쪽으로 넘어가지 못하므로 모두 죽는다. 흑의 정석은 3도이다.

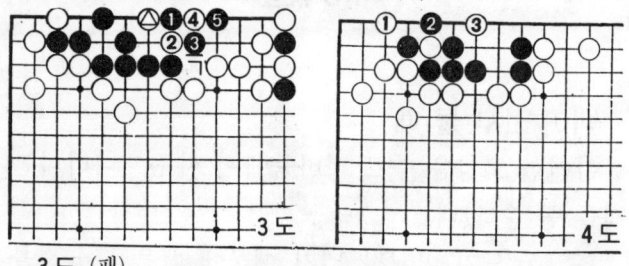

3 도 (패)

백△에 흑1로 붙여서 백2, 흑3, 백4, 흑5가 흑으로서는 최선을 다한 반발이다. 이 다음 백ㄱ, 흑은 패를 때린다.

4 도 (참고)

앞에서 나온 문제도이다. 백1, 3의 수순은 본문제와 같은 취지의 것이어서 이러한 모양에서의 상식적인 공격이다.

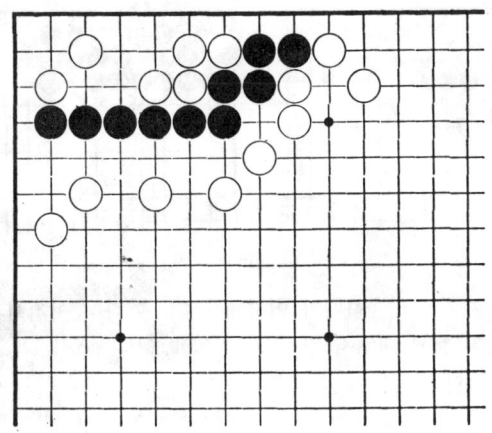

제85문

흑이 먼저 둘 때

이 모양 역시 접바둑에서 자주 나타나는 문제이다. 안팎으로 두터운 백의 세력 속에 갇혀 있는 흑으로서는 답답하기 그지없다. 그렇다고 해서 전혀 수가 없는 것은 아니다. 자세히 살펴보면 아직 흑에게는 수단이 있다.

과연 그 적절한 수단이란?

수읽기의 `힘을 이용하여 수단을 강구해 보자.

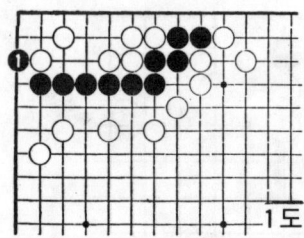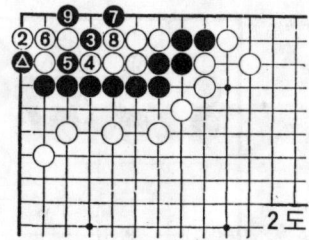

1 도 (정석)　　흑 1로 젖혀두는 것이 정석이다.

흑은 외부로 탈출하기가 어렵게 된다. 따라서 여기서의 수단은 귀의 백에 대해서 반격할 수 밖에 없다.

2 도 (패)

흑⬤에 대해 백 2로 막으면 그때 흑 3으로 건너붙이는 수가 준비된 수로 이하 백 4, 흑 5, 백 6, 흑 7, 백 8, 흑 9의 수순을 밟아 패가 만들어진다.

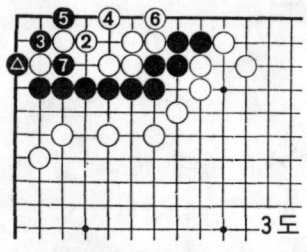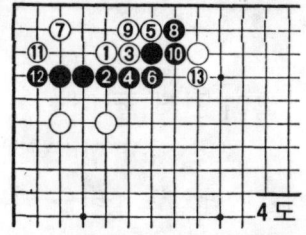

3 도 (삶)

흑⬤일 때 백이 2도의 패가 불만이면 백 2로 뻗는 변화가 된다. 하지만 이것은 백도 살지만, 흑도 3부터 7까지 두집을 만들 수 있어서 만족이다.

4 도 (접바둑)

접바둑에서 이 모양이 이루어지는 하나의 수순을 나타냈다. 이 다음 백에게 바깥을 봉쇄당한 모양이 제85문이다.

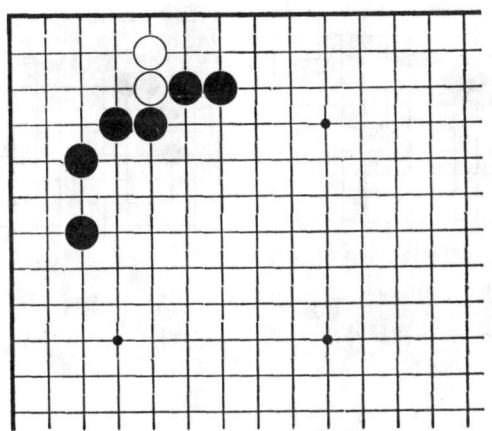

제86문

백이 먼저 둘 때

이 모양도 역시 접바둑에서 자주 나타나는 문제 중의 하나이다.

백선으로 귀에서 삶을 도모할 수 있는가 하는 점이 이 문제의 주요 안건이다.

수읽기의 힘을 이용하여 수를 찾아보자.

귀에서 사는 요령을 잘 알아 두는 것도 기력(棋力) 향상에 적지않은 도움이 된다. 경과도를 기억해 두자.

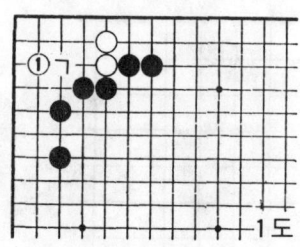 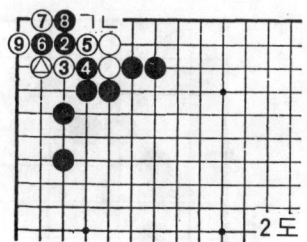

1도 (정석)　백1이 정석이다.

이렇게 하면 백은 좁은 곳이긴 하지만 살 수가 있다. 백1로 ㄱ에 두면 4도가 되어 모두 죽는다.

2도 (계속)

백△에 흑2로 공격하면 백3, 흑4, 백5가 된다. 흑6일 때 백7이 정석이다. 흑8, 백9로 패가 된다. 이7로 9에 두면 흑7하여 백8, 흑ㄱ, 백ㄴ의 패가 만들어진다.

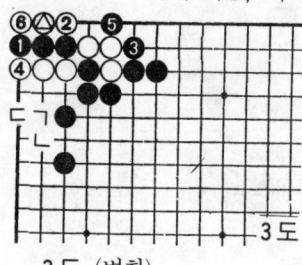 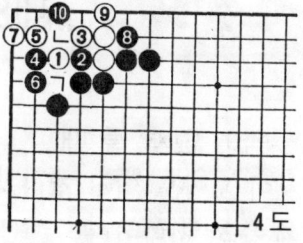

3도 (변화)

백△에 흑1로 내려서면 백2로 두어 이하 흑3에서 백6까지는 필연적이다. 다음에 백ㄱ, 흑ㄴ, 백ㄷ의 여유가 있으므로 흑도 뛰어듦 수가 성립되지 않아서 백은 산다.

4도 (전멸)

백1로 3·3에 두면, 흑2, 백3, 흑4, 백5일 때 잠자코 흑6으로 뻗어 백은 전부 죽는다. 흑6으로 흑ㄱ에 두어 백ㄴ의 이음수를 당해서는 백은 살아나게 된다.

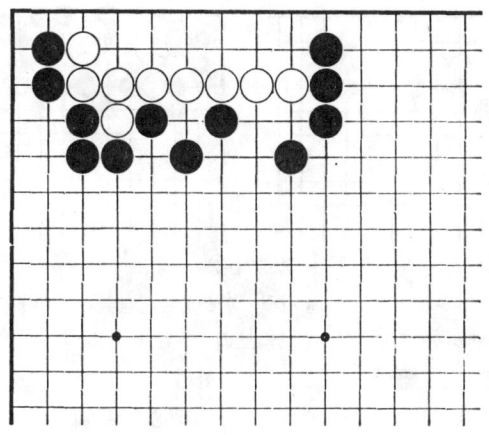

제87문

흑이 먼저 둘 때

흑선으로 백을 붕괴시킬 수 있느냐 하는 것이 이 문제의 키 포인트이다.

여기에서 흑은 오른쪽에서 윗변으로 어느 정도쯤이나 건너 뛸 것인가 하는 점이 과제이다.

백의 궁도가 매우 넓지만, 오른쪽이 막혀 있지 않다는 데에 착안점을 두고 생각해 볼 필요가 있다.

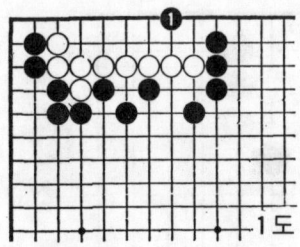
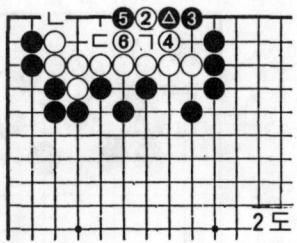

1도 (정석)   흑1이 정석이다.

보통 이렇게 침입해 들어갈 경우에는 '눈목자'보다 '날일자'를 택하는 것이 실전에서 보다 성공하기 쉽다.

2도   흑⚫에는 백2로 응수한다.

그러면 흑3으로 뻗어 백4, 흑5, 백6으로 패가 된다. 백4로 ㄱ에 두면 흑ㄴ으로 젖혀서 살지 못한다. 또 백6으로 ㄱ에 두어도 흑ㄷ에 두면 죽는다.

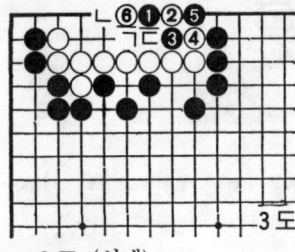
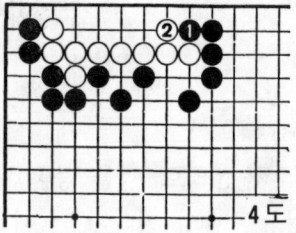

3도 (실패)

흑1의 '눈목자'로 침입하면 백2, 4를 당해 흑5로 때려내도 백6하면, 이것은 백의 무조건 삶이 된다. 다음에 흑ㄱ에 두거나 흑ㄴ에 두게 되는데 백은 ㄷ으로 응수한다. 백2로 6에 두면 흑5, 백2, 흑3. 백4해도 백은 무조건 산다.

4도 (무책)

흑1은 아무런 수단이 없는 수로 백은 2로 완전히 살아난다. 백이 여기서 한줄만 좁아도 구부려 잡는 수가 된다.

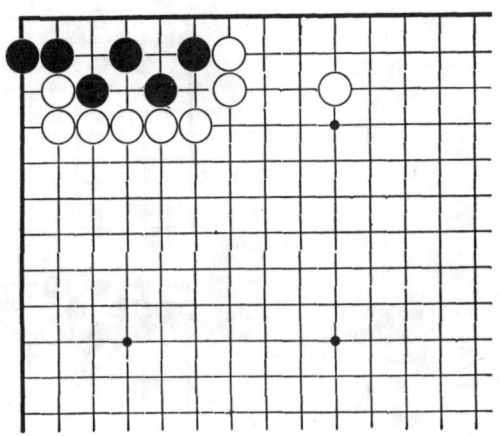

제88문

백이 먼저 둘 때

흑은 이미 두 집 확보에 관한 골격을 어느 정도 갖추고 있다. 여기에서 백이 선(先)으로서 흑집을 붕괴시킬 수 있느냐 하는 점이 문제이다.

백은 흑의 급소를 찾아서 공략해야 한다.

제일착은 어디에다 두어야 할까?

수읽기의 힘을 이용하여 수를 찾아 보자.

1도 (정석)

백 1로 젖혀 흑 2를 강요하고 나서백 3으로 단수하는 것이 정석이다.

실전에서는 백 3의 수를 찾아 내기 힘들다.

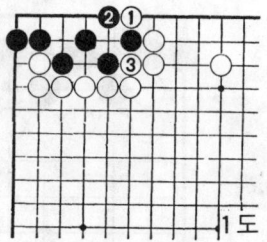

2도 (계속)

백⊘에 흑 1로 따내면, 백 2로 양단수하고 흑 3으로 이으면 ㄱ으로 패싸움이 된다. 오른쪽에 수비하고 있는 백돌은 이 변화를 생각하고 이에 대비한 것이다.

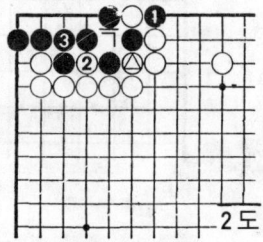

3도 (변화)

백⊘에 대해 흑 1로 이으면 백 2로 뛰어들어 집을 파괴하는 작전이다. 흑 3에는 백 4하여 두점으로 키워서 버리는 것이 흑을 '자충'으로 만드는 날카로운 수이다.

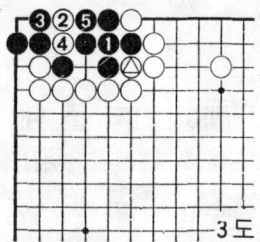

4도 (계속)

흑이 계속해서 백 두점을 때려내게 한 다음, 그 때린 자리에 백 6으로 먹여친다. 이렇게 되면 '자충'이 되므로 흑은 ㄱ으로 이을 수 없어서흑ㄴ, 백ㄱ이 되어 흑은 모두 죽게 된다.

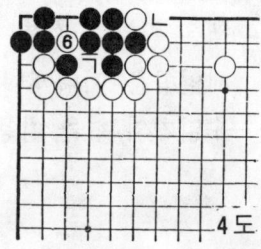

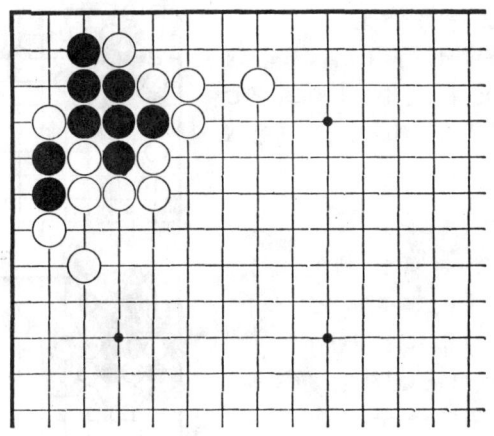

제89문

백이 먼저 둘 때

흑은 이미 두 집을 확보할 수 있는 여건을 갖추고 있다. 여기서 백선으로 흑집을 공략하여 성공할 수 있느냐 하는 것이 이 문제의 주요 안건이다.

귀를 공략하는 방법에 관해서는 신중하게 생각해 두는 게 좋다.

여기에서는 흑이 매우 유리하다. 그러나 백에서도 수가 없는 것이 아니므로 신중하게 경과도를 그려보고, 수를 찾아보자.

1 도 (원본의 정석)

원본에서는 백1을 정석으로 삼고 있다. 흑ㄱ이면 백ㄴ, 흑ㄷ, 백ㄹ, 흑ㅁ, 백ㅂ이여서 흑은 모두 죽는다.

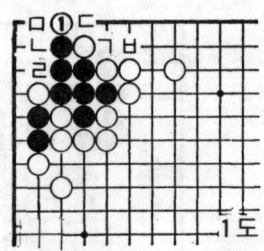

2 도 (계속)

백⊘에는 흑2, 백3, 흑4, 백5, 흑6, 백7의 패로 응수하여 이 다음 흑의 사활이 ㄱ의 패에 좌우된다. 하지만 원본에서 정석이라고 본 수는 손해를 보는 수여서 여기서는 백⊘로는 2의 곳에 내려서서 공격하는 것이 좋을 듯 하다.

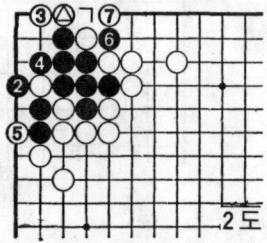

3 도 (정석)

필자는 그림의 백1을 정석이라고 본다. 이 다음 백은 ㄱ과 ㄴ을 맞보기로 삼는다. 이 그림도 흑ㄴ, 백ㄱ, 흑ㄷ, 백ㄹ, 흑ㅁ, 백ㅂ, 흑ㅅ 이하 패가 되지만 이것은 백의 '꽃놀이패'이다.

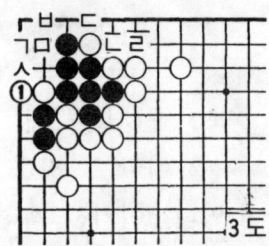

4 도 (사활묘기)

홍인보(本因坊) 秀哉명인의 「사활묘기」에 수록된 문제다. 백ㄱ, 흑ㄴ, 백ㄷ, 흑ㄹ, 백ㅁ의 백선 흑사 (白先黑死)가 된다.

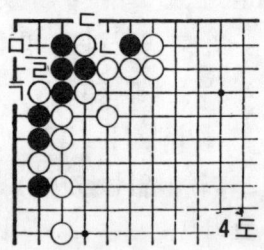

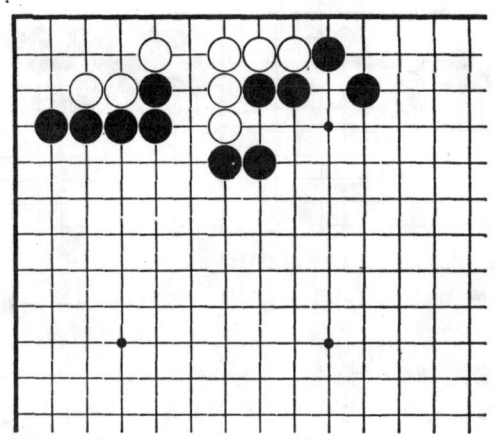

제90문

백이 먼저 둘 때

현재 백은 끊기는 맛이 있기 때문에 결코 안심할 수 없는 모양이다. 귀에서 사는 법을 잘 활용한다면 충분히 살 수 있다.

과연 맥은 어느 곳인가?

수읽기의 힘을 이용하여 경과도와 결과도를 머리 속에 그려 보고 맥수를 찾아 보자.

실전에서도 자주 활용되는 문제이므로 잘 이해해 두도록 하자.

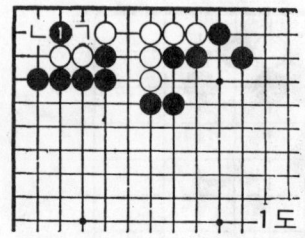 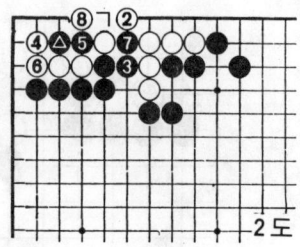

1 도 (정석)   흑 1 이 정석이다.

흑 1 에 대해 백 ㄱ이면 물론 흑 ㄴ으로 백은 모두 숙게된다.

2 도 (계속)

흑 ▲ 에 대해 백 4 는 당연한데 사전 공작으로서 먼저 백 2 를 둔다. 흑 3 은 백 3 을 허용해서는 백이 두 집을 확보해서 살기 때문에 필연적인 수다. 이하 백 8 로 패가 만들어진다. 이 8 로 ㄱ에 두면 다음과 같이 된다.

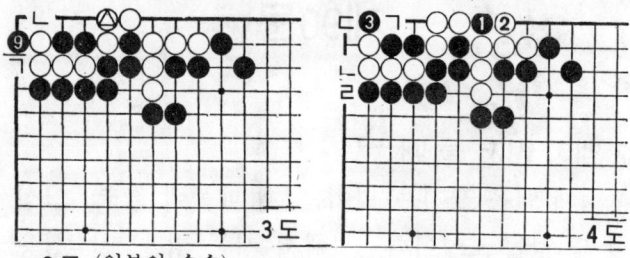

3 도 (원본의 수순)

원본에서는 백 ▲ 로 잇고 계속해서 흑 9 에 붙여두는 수를 정석이라고 하였다. 백 ㄱ, 흑 ㄴ으로 패가 되는데 사실은 이흑 9 가 바람직하지 못하다.

4 도 (죽음)

원본에서의 정석인 ' 9 의 수가 묘수' 라는 것은 3 도인데, 3 도의 흑 9 대신 그림의 1, 3 이면 백 ㄱ, 흑 ㄴ, 백 ㄷ, 흑 ㄹ로 백은 모두 죽는다.

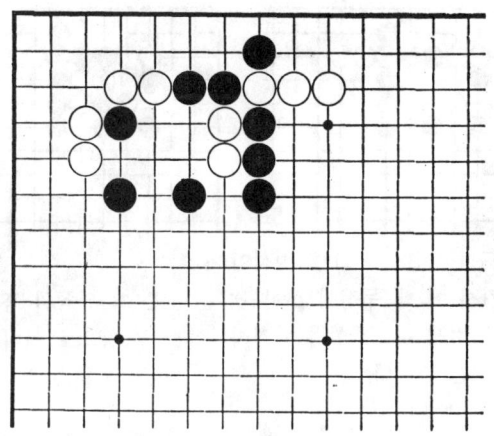

제91문

백이 먼저 둘 때

이 문제의 키포인트는 중앙에 갇힌 백 두 점을 어떻게 하면 왼쪽의 백과 연결시킬 수 있는가 하는 점이다.

언뜻 보면 중앙에 갇힌 백 두 점은 꼼짝없이 갑힌 돌처럼 보이지만, 사실은 그렇지 않다.

세심하게 주의를 기울여서 수읽기를 한다면 연락을 취할 수 있는 길이 있음을 알 수 있을 것이다.

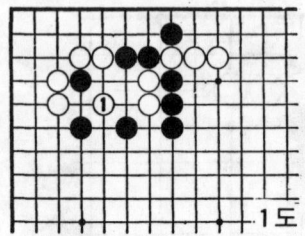 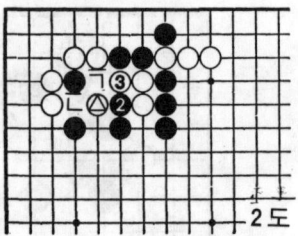

1 도 (정석)   백 1 이 정석이다.

여기서 이 백 두점이 살아난다는 것은 그 위쪽의 흑 석점이 끊어져서 사로잡힌다는 의미가 되므로 참으로 커다란 전과를 거둔 것이다.

2 도 (계속)

백⚫에 흑 2 는 백 3 으로 완벽하게 왼쪽으로 넘어간다. 또, 흑 2 대신 흑 3 으로 나가면 백 2 로 두어 이것 역시 ㄱ과 ㄴ을 맞본다.

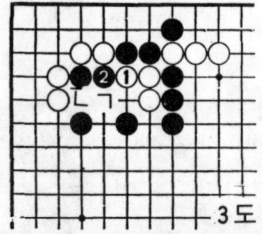

3 도 (실패)

백이 이처럼 즉시 백 1 하면 흑 2 로 끊겨 백ㄱ에 두어도 흑ㄴ이 있어 뜻대로 되지 않는다. 이것은 백의 자살행위가 된다.

4 도 (중요)

백이 1 도처럼 두는 것과 흑이 그림의 1 을 두는 것을 계산해 보면 그 차이는 집 수만 따져 30 집, 뿐만 아니라 왼쪽 오른쪽 백 돌의 사활에 중대한 영향을 끼치므로 이곳은 흑·백 양쪽의 필쟁점(必爭點)이라고 하겠다.

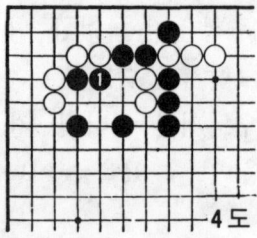

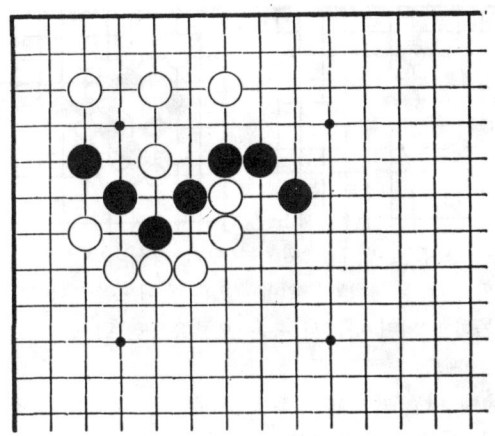

제92문

흑이 먼저 둘 때

백이 급소를 들여다봄으로써 흑은 끊길 위험에 처하게 되었다. 흑은 효과적으로 백을 공격하면서 맥점을 짚어나가야 한다.

백의 들여다봄에 대하여 흑도 역시 끊음수 작전으로 나가는 것이 바람직하다.

수읽기의 힘을 동원하여 끊는 맥을 찾아 보자.

'수가 있는 곳에 길은 있다'고 하는 바둑의 격언을 되새겨서 차분한 마음으로 수를 찾아 보자.

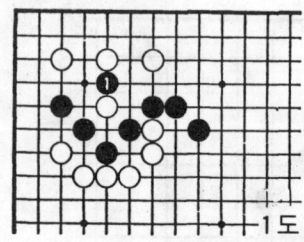 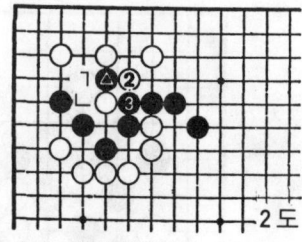

1 도 (정석)   백 1 로 끼우는 수가 정석이다.

이 한수에 의해 백은 왼쪽·오른쪽 어느쪽에서나 이 흑을 끊지 못하게 되며 따라서 흑은 오른쪽으로 넘는다.

2 도 (계속)

흑▲에 대해 백 2 이면 흑 3 으로 둔다. 그러면 당연히 백 ㄱ, 흑 ㄴ이 된다. 백 2 로 ㄱ의 곳부터 두어도 흑 ㄴ이 있으므로 백 2, 흑 3 이 된다.

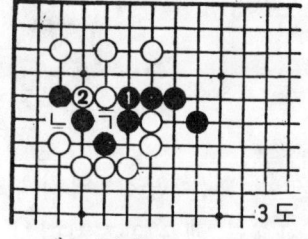 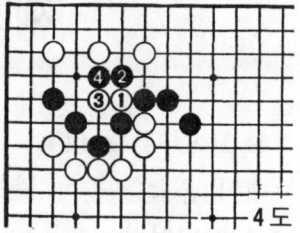

3 도 (실패)

정석의 수를 몰라서 이처럼 흑 1 로 이으면 백 2 하여 다음에 백은 ㄱ과 ㄴ을 맞보게 되므로 흑은 어느 한쪽이 끊기게 되는 것이다. 이 그림은 백의 계획대로 된 것이다.

4 도

백이 직접 1 의 곳을 끊으면 흑 2, 백 3, 흑 4 가 되어 백 1 의 끊는 수는 실패로 끝난다. 문제는 백 1 대신 백 3 부터 둔 것이므로, 흑도 4 부터 응수하면 끊길 염려가 없다.

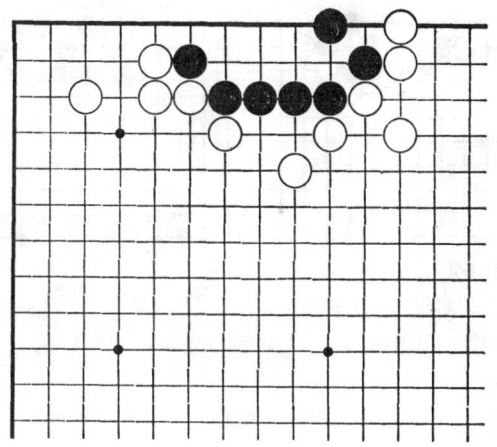

제93문

흑이 먼저 둘 때

흑이 살기 위해서는 상당한 묘수가 필요하다. 백은 이미 오른쪽 변으로 내려서 있는 상태이므로 흑은 상당히 불리한 입장이 아닐 수 없다.

이러한 상황 아래에서는 멋진 묘수가 아니면 흑이 살기가 어렵다.

수순의 묘를 살려 보자. 분명히 수는 있다. 수읽기의 힘을 이용하여 자세히 살펴본다면 충분히 묘수의 수순을 찾을 수 있을 것이다.

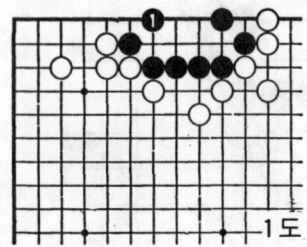
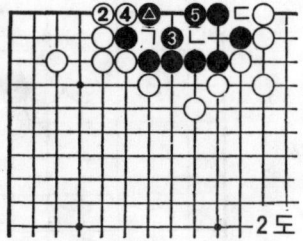

1 도 (정석)   흑1이 정석이다.

오른쪽 위에 이미 백이 내려서 있으므로   흑은   어렵게
되었다.   이 경우 흑은 1로 호구벌려서 저항한다.

2 도 (계속)

흑▲에 백2로 공격하고, 흑3으로 수비하면 백4로 단수
한다. 흑은 5로 방어해 ㄱ으로 패에 사활을 걸게 된다. 흑3
으로 ㄴ에 두어도 백ㄷ이 되어서 마찬가지다.

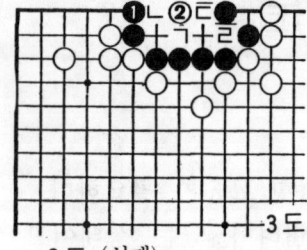
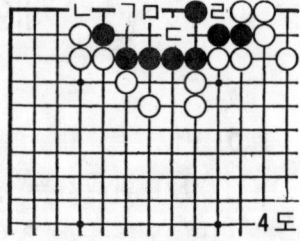

3 도 (실패)

흑1로 내려서서는 백2의 뛰어듦 수를 당해 모두 죽는다.
이것은 흑ㄱ, 백ㄴ, 흑ㄷ, 백ㄹ로 되기 때문이다. 흑1로
ㄱ에 두면 백ㄴ으로 뛰어들어 흑1, 백2가 되어 역시 흑이
실패한다.

4 도 (무조건 삶)

이 그림의 흑은 ㄱ에 두어 살아 버린다. 오른쪽 흑 두점
이 잡힌다 해도 되때리는 수가 듣고 있다.

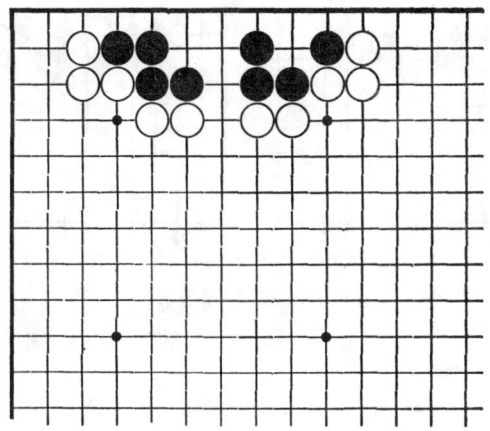

제94문

백이 먼저 둘 때

언뜻 보면 상당히 어렵게 느껴지는 문제이다.

흑은 궁도가 매우 넓기 때문에 이미 삶을 확보해 놓은 것처럼 보인다.

그러나 여기에도 수는 있다. 백의 일착이 어디에서부터 비롯될 것인가가 문제이다.

수읽기의 힘을 이용하여 묘수를 찾아보자.

수 계산을 해보면 의외로 간단한 문제임을 알수 있을 것이다.

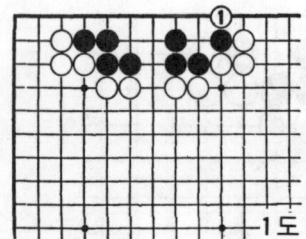

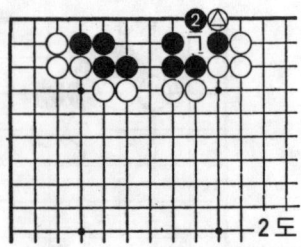

1 도 (정석)   백 1 이 정석이다.

앞의 문제는 상당히 어려운 문제였었는데 이것은 간단하다.
'기경중묘'에는 어렵고 쉬운 문제가 알맞게 수록 되어 있다.

2 도 (계속)

백⊘에 대해서는 흑 2 로 막아 패로 반발하는 한수이다. 이
수 외에는 살 길이 없다. 백ㄱ으로 패를 때리고 흑은 어딘가
에 패를 쓴다.

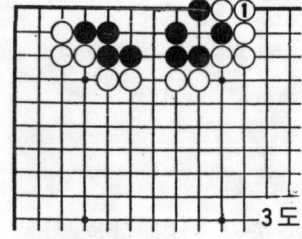

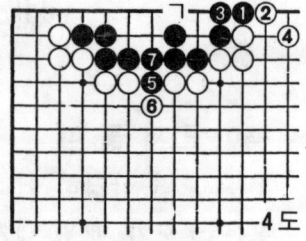

3 도 (계속)

백이 흑의 패씀에 응수해서 흑이 패를 되때린 그림이다. 백
은 여기서 1 의 곳에 패를 잇고, 이 다음도 다시 패로 공격
할 수 있는, 백의 꽃놀이패가 된다.

4 도 (참고)

흑이 선수로 살기 위해서는 흑 1, 백 2, 흑 3, 백 4 의 변
화가   있다. 흑 5, 7 하면 흑은 8집이 된다. 5, 7 을 생략
하면 백ㄱ으로 '빅'이 되어 흑집은 없다.

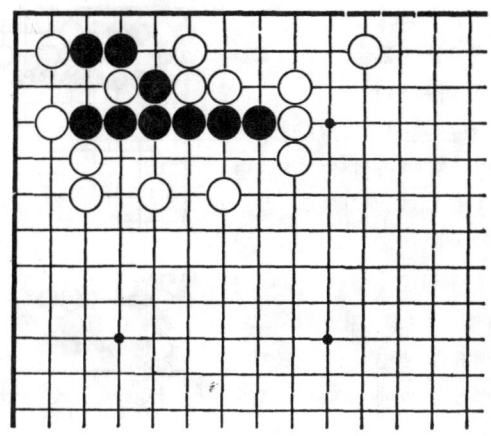

제95문

흑이 먼저 둘 때

꽤 어려운 문제이다. 이 모양은 바둑의 고전에 수록되어 있는 문제이다.

흑선으로 과연 두 집을 확보할 수 있을까?

상대방의 급소는 바로 나의 급소라고 하는 바둑의 격언을 생각해 보도록 하자. 멋진 수가 숨어있는 문제이다.

싸여있는 흑으로서는 주위의 백돌을 효과적으로 이용하는 수밖에 없다.

1 도 (정석)

우선 흑 1, 백 2 를 교환하고 흑 3 으로 먹여친다.

이 문제는 특히 수순이 중요하며 이 다음도 계속해서 복잡하다.

흑 3 에 대해 백ㄱ으로 두면 흑ㄴ이 된다.

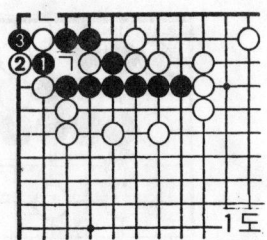

2 도 (계속)

흑▲를 백 4 로 따낸다. 그때 흑 5, 백 6 은 필연적인 교환이다. 흑 7, 백 8 일 때에 또다시 흑 9 로 먹여치는 것이 좋은 수이다. 이 수순을 거쳐야만 정석이 될 수 있다. 백ㄱ에는 흑ㄴ, 백▲ 의 곳 이음, 흑ㄷ 이다.

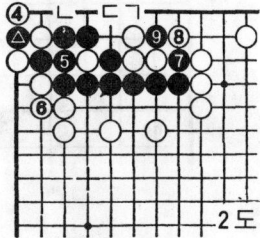

3 도 (계속)

흑▲에 백10으로 때리면 흑11 로 두어 정석이 된다.

이 다음 백ㄱ에 두면 흑ㄴ, 백 ㄷ, 흑ㄹ로 패가 만들어진다.

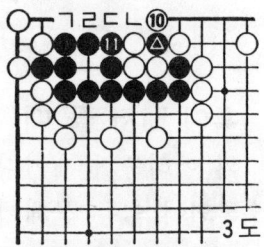

4 도 (실패)

3 도의 흑▲로 먹여치지 않고 직접 흑 1 하면, 백 2 의 젖힘수를 당해 흑은 모두 죽고만다. 흑 1, 백 2 를 교환하고 나서 흑 3 으로 먹여쳐도 백 4 로 내려서는 후속 수가 있다.

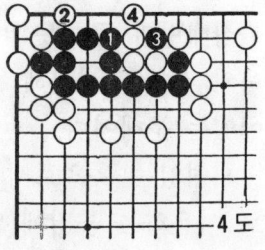

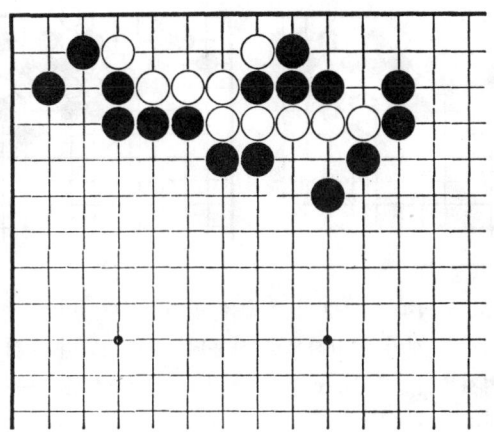

제96문

백이 먼저 둘 때

백 대마가 살기 위해서는 어떻게 착수하는 것이
가장 바람직한 방법인가?

우선 백은 급소를 찾지 않으면 안된다. 급소가
바로 맥점이다. 이 그림에서는 묘수이자 급소가
딱 한 군데 있다. 바로 그 맥점을 짚어서 첫 착수
를 시도하는 것이 가장 급선무이다.

자, 가장 먼저 손을 써야 할 급소의 맥점은 어
느 곳인가?

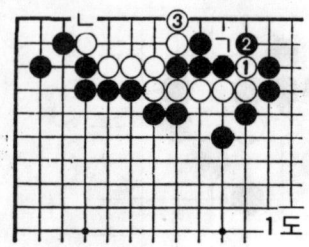
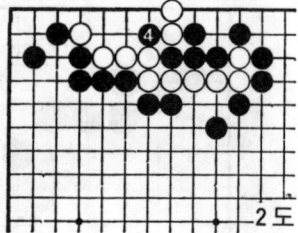

1도 (정석)

백 1로 공격하고 흑 2의 응수는 필연적이다. 이때 백 3으로 내려서는 것이 일반적으로 사용되는 맥으로 다음 ㄱ의 곳에 먹여쳐 '연단수'를 노린다. 흑ㄱ으로 응수시킨 다음 백ㄴ으로 내려서서 빗형(櫛形)으로 살려는 속셈이다.

2도 (계속)

여기서 흑 4로 한 번 끊는 것이 좋은 수순이며 이 문제의 초점이다.

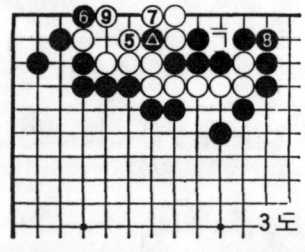
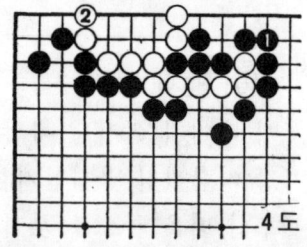

3도 (계속)

흑 ●는 선수로 백ㄱ의 먹여치기를 방어한 것이다. 백 5로 때리게 한 다음 흑 6으로 젖혀둔다. 이하 백 9로 패가 된다.

4도 (실패)

실전에서는 흑 1로 응수해 백 2로 살려주는 사람이 많다. 한번 끊어서 선수를 잡고 패로 만든 **3도**와는 커다란 차이다.

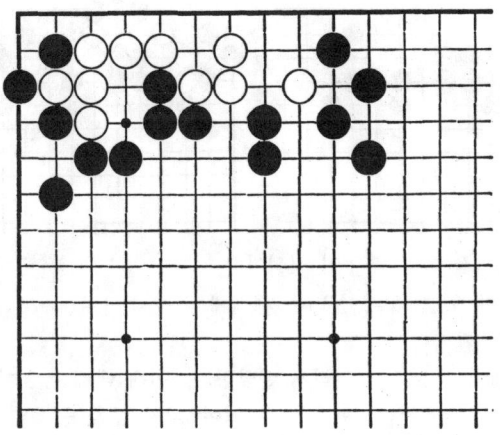

제97문

혹이 먼저 둘 때

이 문제에서도 백의 궁도가 넓은 편이기 때문에 혹선으로 백을 공략하는 것이 그렇게 만만하지가 않다.

혹은 백의 급소를 찔러서 비상 수단으로 공격을 하지 않으면 안된다.

자, 과연 혹으로서 첫 수는 어디에다가 두어야 할까? 수읽기의 힘을 이용하여 효과적인 수순을 찾아보자.

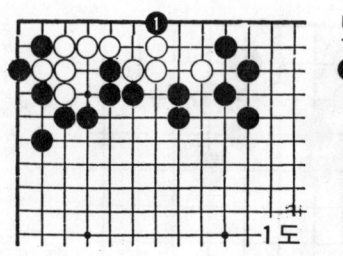
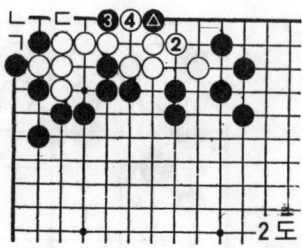

1도 (정석)　　혹1이 정석이다.

바깥에 있는 혹의 두터운 세력에 의해서 이 수가 성립된다.

2도 (계속)

혹▲에 백2로 강력하게 반발한다. 이에 대해 혹3이　정석의 제2단계이다. 백은　4로 먹여 치지 않을 수　없는데, 이 패에 백의 사활이 걸려 있다.　　혹3으로 4에 두면 백ㄱ, 혹ㄴ, 백ㄷ으로 불만이다.

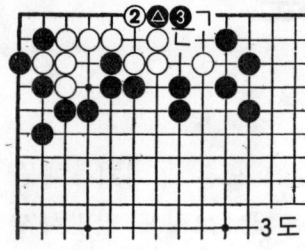
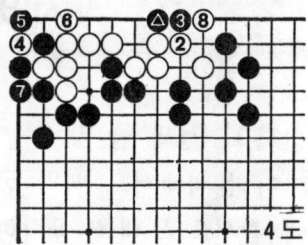

3도 (죽음)

혹●에 대해 백2로 응수하면 혹3으로　나가므로　혹을 잡지 못한다. 백ㄱ이면 혹ㄴ에 의해서 백은 모두 죽게 된다.

4도 (실패)

올바르게 혹●를 착수했는데도 불구하고 백2일 때　혹3으로 달아나려고 해서는 백4, 혹5, 백6이어서　혹7이면 백8로 따내고, 백은 살아난다.

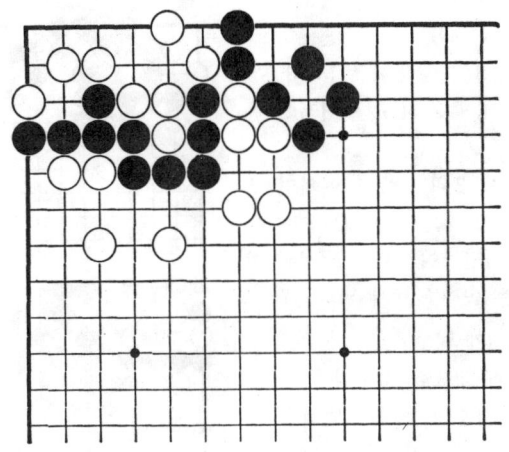

제98문

혹이 먼저 둘 때

상당히 어려운 문제이다. 언뜻 보면 귀의 백은 완전히 살아버린 것같은 느낌을 준다. 백으로 둘러싸인 혹이 오히려 곤란을 당할 것만 같다.

물론 어떻게 두느냐에 따라서 혹백의 상황이 달라진다. 만약 백이 선수라면 가운데의 혹은 궤멸을 면치 못할 것이다.

신중을 기하여 맥수를 찾아 보자.

1도 (정석)

흑1, 3이 정석이 되는 시발점 단계이며, 백2, 4도 필연적인 응수다.

흑1로 2의 곳에 먹여치면 백 4로 늘고, 흑1에 두어도 수단은 성립하지만, 여기서는 정석에 비해 많은 손해를 보게 된다.

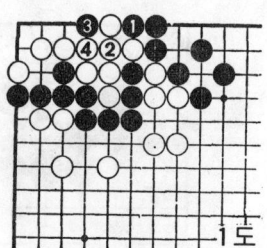

2도 (계속)

흑5가 교묘한 착수다.

백이 자충이 된다는 약점을 추궁해 패로 몰아 백을 잡으려는 계산이다. 백ㄱ이면 흑ㄴ이 되고, 또 백이 ㄷ에 두면 흑ㄱ이 된다.

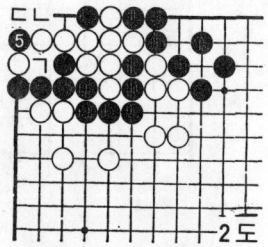

3도 (수순)

먼저 흑1로 착수하면 백 2로 응수 할 수도 있다. 흑3 은 필연적이고 백4로 역시 패가 되는데, 여기서 백은 패에 진다 하더라도 귀에서 살게 된다.

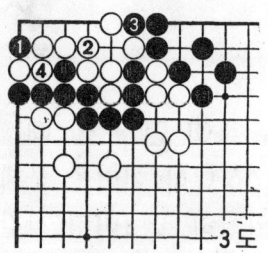

4도 (규정)

현재 사용하고 있는 위기(圍碁) 의 규정에 의하면 '이 그림에서 흑이 더 이상 패를 쓰지 않을 경우, 백은 ㄱ의 곳에 한수 더 두는 정도이며 백집은 6집으로 계산한다'고 나와 있다.

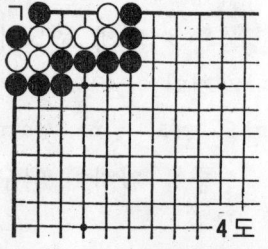

<pre>
┌─────────┐
│ 판   권 │
│ 본사   │
│ 소   유 │
└─────────┘
</pre>

30. 요령있게 패쓰는 법

2013년 3월 15일 인쇄
2013년 3월 30일 펴냄

옮긴이/ 프로바둑연구회
펴낸이/ 최　상　일
펴낸곳/ 구.진화당(태을출판사)
서울특별시 중구 신당6동 52-107 (동아빌딩내)
등록/1973년 1월 10일(제4-10호)

＊잘못된 책은 구입하신 곳에서 교환해 드립니다.

■ 주문 및 연락처

우편번호 １００-４５６
서울특별시 중구 신당6동 52-107 (동아빌딩 내)
전화 / 2237-5577　팩스 / 2233-6166
ISBN 89-493-0347-7　　　13690